Mike
contre-attaque !

DU MÊME AUTEUR

Dégraissez-moi ça !
Petite balade dans le cauchemar américain
LA DÉCOUVERTE, 2000

Michael Moore

Mike
contre-attaque !

Bienvenue aux États Stupides d'Amérique

Traduit de l'américain par
Marc Saint-Upéry

La Découverte
9 *bis*, rue Abel-Hovelacque
75013 Paris

Ouvrage initialement publié sous le titre
Stupid White Men, par Regan Books, HaperCollins, New York, 2001.

Catalogage Électre-Bibliographie
Moore, Michel
Mike contre-attaque ! /trad. de l'américain Marc Saint-Upéry. – Paris : La Découverte, 2002. – (Cahiers libres)
ISBN 2-7071-3833-9

RAMEAU :	États-Unis : politique et gouvernement : 2001-... : ouvrages humouristiques États-Unis : conditions sociales : 1980-... : ouvrages humouristiques
DEWEY	320.7 : Science politique (politique et gouvernement). Conjoncture et conditions politiques. 730 : États-Unis
Public concerné :	Tout public

Sommaire

Pour Al Hirvela

INTRODUCTION

Un putsch à l'américaine

Le message suivant, en provenance d'une localité non identifiée du continent nord-américain, a été intercepté par les forces des Nations unies le 1er septembre 2001.

Je suis un citoyen des États-Unis d'Amérique. Notre gouvernement a été renversé par un coup d'État. Notre président légitimement élu a été exilé. Une bande de vieillards blancs en faux col armés de verres de Martini s'est emparée de la capitale de notre pays.

Nous sommes en état de siège. Nous sommes le gouvernement en exil des États-Unis.

Nous ne sommes pas une minorité : 158 millions d'adultes et 80 millions d'enfants, cela représente 234 millions de personnes qui n'ont pas voté pour, et ne se sentent pas représentés par le régime qui occupe actuellement le pouvoir.

Al Gore est le président élu des États-Unis. Il a obtenu 539 898 voix de plus que George W. Bush. Mais ce n'est pas lui qui siège à la Maison-Blanche aujourd'hui. Au lieu de gouverner, il erre à travers le pays sans mandat et sans boussole, n'émergeant çà et là qu'à l'occasion d'une conférence dans une université ou pour refaire sa provision de Pepitos.

C'est Al Gore qui a gagné. Al Gore, notre président en exil. *Viva el Presidente Alberto Gorrrre !*

Vous me direz : mais alors, qui est le type qui occupe actuellement le numéro 1600 de Pennsylvania Avenue ? Je vais vous expliquer tout ça.

Il s'agit de George W. Bush, « président » des États-Unis. L'Usurpateur en Chef.

Jadis, les politiciens attendaient d'être élus pour se livrer à leurs pires escroqueries. Mais Bush, lui, a devancé l'appel. Il est entré à la Maison-Blanche par effraction et il squatte indûment le Bureau ovale. Si on était au Guatemala, vous me croiriez aussitôt, quelles que soient vos convictions politiques. Mais comme le coup d'État en question se drape dans la bannière des États-Unis et que les putschistes ont été livrés emballés dans vos nuances préférées de bleu, de blanc et de rouge, les coupables croient pouvoir s'en tirer impunément.

C'est pourquoi, au nom de 234 millions de citoyens américains pris en otage, je demande que l'OTAN accomplisse son devoir, comme en Bosnie et au Kosovo, comme les États-Unis à Haïti, et Lee Marvin dans *Les Douze Salopards.*

Faites débarquer les *marines* ! Lâchez les SCUD ! Rapportez-nous la tête d'Antonin Scalia[1] !

J'ai envoyé personnellement un message au secrétaire général de l'ONU Kofi Annan pour le supplier d'entendre notre requête. Nous ne sommes désormais plus en mesure de nous

1 Juge ultra-conservateur de la Cour suprême. Pour son rôle dans l'élection de George W. Bush, voir un peu plus loin [NdT].

gouverner de façon autonome, ni d'organiser des élections libres et transparentes. Monsieur Annan, faites voter des résolutions, dépêchez-nous des observateurs, envoyez-nous des casques bleus !

Par pitié, envoyez-nous Jimmy Carter !

Nous voilà désormais guère mieux lotis que n'importe quelle république bananière du tiers monde. À quoi bon nous lever le matin et nous casser le cul à produire des biens et des services qui ne serviront qu'à enrichir la junte et ses acolytes de la US World Company (une entité séparée qui jouit depuis un certain temps de sa propre autonomie sur le territoire des États-Unis). Pourquoi payer nos impôts, si c'est pour financer leurs activités putschistes ? Vaudra-t-il la peine d'envoyer encore une fois nos enfants sur les champs de bataille pour défendre notre « way of life », alors que tout ce qui nous reste à défendre, c'est le style de vie d'une bande de vieillards retranchés dans leur quartier général au bord du Potomac.

Oh, Jésus Marie Joseph, je craque ! Passez-moi la télécommande ! Je veux changer de chaîne, je veux retourner dans le conte de fées où j'habitais, celui où j'étais le citoyen d'une démocratie doté d'un droit inaliénable à la vie, à la liberté et à la poursuite du bonheur en vingt-cinq mensualités. Je veux qu'on me répète ce qu'on me racontait quand j'étais gosse, que ma voix comptait, que j'étais l'égal de tous mes concitoyens, et que personne ne pouvait être traité différemment ou injustement, que personne ne pouvait exercer le pouvoir sans jouir du consentement populaire. La volonté du peuple. La glorieuse, la douce Amérique. Ma patrie bien-aimée. La lumière des nations… s'il vous plaît, rassurez-moi, est-ce que les troupes belges de maintien de la paix sont déjà en route ? Le temps presse !

Tout a commencé bien avant les magouilles du scrutin de novembre 2000, pendant l'été 1999, et ce à l'instigation d'un membre honoraire de la Confrérie des Crétins d'Hommes blancs, Katherine Harris. Il se trouve que cette dame était tout à la fois codirectrice de campagne de George W. Bush et haut fonctionnaire responsable de l'organisation des élections en Floride, et c'est à ce dernier titre qu'elle fit verser quatre millions de dollars à Database Technologies afin que cette entreprise d'informatique passe au peigne fin la totalité des registres électoraux de l'État pour en éliminer tous les électeurs « soupçonnés » d'avoir un casier judiciaire. Cette vertueuse chasse à la délinquance reçut la bénédiction du gouverneur de Floride, qui n'est autre que le frère de George W., Jeb Bush. Il faut dire que l'épouse de Jeb Bush avait jadis été interceptée par la police des frontières pour tentative d'importation illégale de bijoux (valeur : 19 000 $) aux États-Unis, ce qui en fait elle aussi une ancienne délinquante. Mais quoi, on est en Amérique, un pays où il n'est pas question de s'en prendre aux coupables de délits s'ils sont riches ou mariés à un membre au pouvoir de la famille Bush.

La législation de l'État de Floride suspend le droit de vote des anciens délinquants. Il se trouve malheureusement (et je ne mettrai certainement pas en cause l'équité raciale des institutions judiciaires de la Floride) que 31 % des hommes afro-américains de cet État sont ainsi dans l'impossibilité de voter à cause d'une infraction quelconque enregistrée sur leur casier judiciaire. Harris et Bush savaient donc parfaitement qu'éliminer les anciens délinquants des registres électoraux permettrait de tenir à l'écart des urnes des milliers de citoyens noirs.

Les Noirs de Floride, dans leur écrasante majorité, votent démocrate, et Al Gore obtint les voix de 90 % d'entre eux le 7 novembre 2000.

Je corrige : les voix des 90 % de ceux qui furent *autorisés* à voter.

Dans le cadre de ce qu'on ne saurait décrire autrement que comme une fraude massive organisée par les autorités de l'État de Floride, non seulement Bush, Harris et compagnie ont éliminé des registres électoraux des milliers d'ex-délinquants noirs, mais ils ont empêché de voter des milliers de citoyens afro-américains *au casier judiciaire entièrement vierge*, en plus de quelques autres milliers d'électeurs qui ne s'étaient rendus coupables que d'infractions tout à fait mineures.

Comment ont-ils procédé ? Katherine Harris demanda à Database – une entreprise fortement liée au Parti républicain – d'adopter les critères les plus larges possibles dans sa chasse aux « mauvais » électeurs. On pouvait introduire dans la liste noire toutes les personnes portant des noms « ressemblant » à ceux de criminels avérés. Même chose pour les personnes ayant la même date de naissance ou un numéro de sécurité sociale similaire. Il suffisait de pouvoir recouper 80 % de l'information pertinente pour invalider un électeur.

Même pour une entreprise favorable à Bush, ces instructions dépassaient les bornes de l'acceptable. Elles impliquaient que des milliers d'électeurs parfaitement légitimes pouvaient se voir barrer la voie des urnes le 7 novembre 2000 pour la seule raison que leur nom ressemblait à celui de quelqu'un d'autre ou qu'ils étaient nés le même jour qu'un braqueur de banque. Marlene Thorogood, directrice de projet de Database, envoya un mail à Emmett « Bucky » Mitchell, responsable du service juridique du bureau de Katherine Harris, en lui signalant que, « malheureusement, ce type de programmation risquait de multiplier les positifs douteux », à savoir les identifications erronées.

Pas de quoi s'affoler, répondit ce brave vieux Bucky : « Il est clair que nous préférons inclure une certaine quantité de noms non fiables à 100 % et laisser aux contrôleurs [les fonctionnaires du comté chargé de superviser le scrutin] le loisir de trancher en dernière instance, plutôt que de laisser passer des candidats à l'élimination. »

Database se conforma donc aux instructions. Le résultat ne se fit guère attendre : 173 000 électeurs furent définitivement effacés des registres électoraux de la Floride. Dans le plus gros comté de l'État, Miami-Dade, 66 % des électeurs ainsi éliminés étaient noirs. Dans le comté de Tampa, ce chiffre était de 54 %.

Mais Harris et ses sbires ne s'en tinrent pas là. Huit mille autres citoyens furent également soumis à ce nettoyage électoral en vertu d'une liste frauduleuse fournie à Database par un autre État sous prétexte qu'il s'agissait là aussi d'anciens délinquants qui avaient déménagé en Floride depuis leurs méfaits. Sauf que les délinquants en question avaient tous dûment purgé leur peine et jouissaient à nouveau pleinement de tous leurs droits civiques, droit de vote inclus. Sans compter ceux qui ne s'étaient rendus coupables que d'infractions insignifiantes, du type stationnement illégal ou déversement d'ordures sur la voie publique. Et quel est l'État qui avait donné ce généreux coup de main à Jeb et George en leur faisant passer cette liste bidon ?

Le Texas.

Notons que cet épisode absolument scandaleux fut totalement ignoré par les médias américains. Seule la BBC prit la peine d'effectuer une enquête approfondie et de diffuser un reportage de quinze minutes à une heure de forte audience, révélant tous les détails les plus sordides de cette magouille et en attribuant clairement la responsabilité au gouverneur Jeb Bush. Il est tout de même affligeant de constater qu'il faut aller chercher de l'autre côté de l'Atlantique pour savoir la vérité sur nos propres élections. (Le *Los Angeles Times* et le *Washington Post* finirent par reprendre ces informations, mais personne n'y prêta guère attention.)

Cette atteinte au droit de vote des minorités prit une telle proportion qu'elle en vint à affecter même des gens comme Linda Howell. Linda reçut une lettre l'informant que, vu le contenu de son casier judiciaire, ce n'était pas la peine qu'elle se présente au bureau de vote le 7 novembre 2000 : on ne la laisserait pas déposer son bulletin. Le problème, c'est que non seulement le casier judiciaire de Linda Howell était parfaitement vierge, mais que, en outre, cette dame était contrôleur officiel du scrutin pour le comté de Madison ! Avec l'aide d'autres fonctionnaires locaux, elle essaya donc de faire mettre un peu d'ordre dans ce chaos, mais leur requête fut obstinément ignorée. On leur répondit que tous les citoyens qui contestaient leur élimination des registres électoraux devaient soumettre leurs empreintes digitales à l'examen des autorités, qui détermineraient alors s'ils avaient ou non des antécédents pénaux.

Le jour du scrutin, les Noirs de Floride se présentèrent en masse devant les bureaux de vote, où nombre d'entre eux se virent signifier sèchement qu'ils feraient mieux de rentrer chez eux. Dans certaines circonscriptions des quartiers pauvres, les bureaux de vote étaient bourrés de policiers afin d'empêcher tous les « délinquants » de la liste de Katherine et Jeb de déposer leur bulletin. Des centaines de citoyens parfaitement respectueux de la loi et désireux d'exercer leur droit de vote, surtout dans les quartiers noirs et hispaniques, furent renvoyés sans ménagement à leurs pénates et même menacés d'arrestation s'ils osaient protester.

George W. Bush devait officiellement l'emporter par une marge de 537 voix en Floride. Peut-on faire l'hypothèse que les milliers d'électeurs noirs ou hispaniques éliminés des registres électoraux auraient fait la différence en faveur de Al Gore ? Sans aucun doute.

Le soir du 7 novembre, après la clôture des urnes, la question du décompte des voix en Floride donna lieu aux interprétations les plus contradictoires. Finalement, le responsable de la couverture des élections pour la chaîne d'information Fox News décida de trancher dans le vif : il fit diffuser un flash annonçant que Bush l'avait emporté en Floride et qu'il avait donc gagné les élections. C'est donc Fox News qui proclama formellement la victoire de Bush.

Mais à Tallahassee, capitale de la Floride, le décompte des voix n'était pas terminé et l'agence Associated Press déclara que toute conclusion définitive était prématurée et que Fox s'était avancé sans aucune preuve.

Les autres médias ne l'entendirent pas de cette oreille. Effrayés à l'idée de passer à côté d'un scoop, ils se précipitèrent tous tête baissée dans le sillage de Fox News, alors même que leurs envoyés spéciaux sur le terrain émettaient les mêmes doutes qu'Associated Press. Mais qu'a-t-on besoin de l'avis d'envoyés spéciaux, quand il suffit de suivre les instructions du patron ? Le patron, en l'occurrence, n'étant autre que John Ellis, responsable de la couverture des élections pour Fox News. Et qui est au juste John Ellis ?

Rien de moins que le cousin germain de George W. et Jeb Bush.

Une fois qu'Ellis a annoncé le prétendu résultat et que tout le monde lui a emboîté le pas, il n'y avait plus moyen de revenir en arrière – et rien ne s'est révélé psychologiquement plus néfaste pour les espoirs de victoire de Gore que l'image qu'il a été alors contraint de donner, celle d'un mauvais joueur qui exige qu'on recompte les voix, renie son propre aveu de défaite et lance ses avocats dans une obscure bataille procédurière. Et pourtant, le fait est que pendant toutes ces péripéties Gore avait plus de voix que Bush, mais les médias ont complètement occulté ce fait indiscutable.

S'il y a un moment de cette soirée électorale que je n'oublierai jamais, c'est celui où, quelques heures avant la manœuvre d'Ellis, alors que les projections des médias attribuaient – correctement – la victoire en Floride à Gore, les caméras filmèrent une chambre d'hôtel quelque part au Texas. Ses occupants étaient George W. Bush, son père l'ex-président Bush et sa mère Barbara. Bush père arborait une sérénité imperturbable, alors même que la défaite semblait assurée. Un journaliste demanda à Bush fils ce qu'il pensait du résultat.

« Je ne… je ne me reconnais pas du tout battu en Floride », bégaya Junior. « Je sais que vous avez des projections, mais le décompte des voix n'est pas terminé… Les médias ont tiré des conclusions tout à fait prématurées, mais les gens qui comptent les voix, ça suggère quelque chose de tout à fait différent, alors... » C'était un des moments les plus étranges de cette folle nuit d'élection. Avec leur sourire parfaitement détendu, les Bush avaient l'air d'une famille de chats qui vient d'engloutir une volée de canaris – comme s'ils savaient quelque chose que nous ne savions pas.

C'était bien le cas. Ils savaient que Jeb et Katherine avaient fait leur boulot plusieurs mois auparavant. Ils savaient que le cousin John occupait un terrain stratégique à Fox News. Et si rien de tout ça ne marchait, on pouvait toujours compter sur les potes de Papa à la Cour suprême.

Comme nous le savons tous désormais, c'est exactement ce qui s'est passé. Les forces de l'Empire ont contre-attaqué, et elles l'ont fait sans aucune pitié. Alors que Gore se concentrait bêtement sur le recompte des voix dans une poignée de comtés, l'équipe de Bush s'occupait du gros lot : les bulletins des électeurs d'outre-mer. Une bonne partie d'entre eux exprimait les voix des militaires, qui votent majoritairement républicain. Ce sont elles qui devaient donner à Bush l'avantage final que l'invalidation du vote de milliers de Noirs et de grands-mères juives n'avait pas réussi à lui procurer.

Gore en était bien conscient et s'efforça d'obtenir la garantie que ces bulletins subissent un contrôle rigoureux avant de pouvoir être validés. Certes, cela contredisait en partie ses déclarations selon lesquelles « chaque voix devait être comptée », mais restait conforme à la législation de l'État de Floride, qui stipule très clairement que les suffrages des électeurs d'outre-mer ne peuvent être pris en compte que si ces derniers ont effectué leur vote au plus tard le jour même du scrutin, et si leurs bulletins ont été postés et oblitérés ce même jour.

Or, alors même que James Baker proclamait solennellement qu'« il n'est pas juste de changer les règles et les critères régissant le décompte des bulletins après qu'un des candidats s'est rendu compte que c'est la seule façon pour lui d'obtenir les voix qui lui manquent », c'est exactement ce que lui et ses amis républicains entreprirent de faire.

Une enquête du *New York Times* datée de juillet 2001 démontre que, sur les 2 490 bulletins d'outre-mer qui finirent par être validés, 680 avaient été considérés comme plus que douteux. Bush obtint quatre voix sur cinq dans l'électorat d'outre-mer. Dans ces circonstances, cela signifie que 544 des suffrages obtenus par le candidat républicain auraient dû être invalidés. Vous saisissez le truc ? Les 537 voix qui ont assuré la victoire de Bush se réduisent en fait dans ce cas à un résultat négatif : moins sept voix.

Mais comment tous ces bulletins ont-ils fini par être additionnés en faveur de Bush ? À quelques heures du début du scrutin, les responsables de campagne de Bush étaient passés à l'attaque. La première chose à faire était de faire rentrer le maximum de bulletins d'outre-mer. Les activistes républicains bombardèrent de mails les bâtiments de la US Navy en les suppliant de se mettre aussitôt à la chasse aux bulletins égarés. Ils allèrent même jusqu'à appeler le secrétaire à la Défense de Clinton, William S. Cohen (un républicain), pour lui demander de faire pression en ce sens sur toutes les bases et détachements militaires américains à l'étranger. Cohen refusa de s'exécuter, mais cela ne changea rien au résultat : des milliers de bulletins d'outre-mer débarquèrent en Floride, et parmi eux un certain nombre qui n'avaient été contresignés qu'*après* le jour du scrutin.

Il ne restait plus qu'à s'assurer que la majeure partie de ces suffrages aille à W. Et c'est là que commence la véritable escroquerie.

Toujours d'après le *New York Times,* Katherine Harris avait prévu d'envoyer à toutes les commissions de vérification des suffrages des instructions détaillées concernant la procédure à employer pour compter les bulletins d'outre-mer. Conformément à la législation de l'État de Floride, ces instructions précisaient entre autres que lesdits bulletins devaient tous être « contresignés, oblitérés et postés » au plus tard le jour même du scrutin. Quand il commença à être clair que l'avance de son ami George diminuait à vue d'œil, elle décida de ne plus envoyer ces instructions et de les remplacer par une note stipulant que les bulletins d'outre-mer « n'avaient pas besoin d'être obligatoirement oblitérés à la date du scrutin ou dans les jours le précédant ». Tiens donc...

Qu'est-ce qui a bien pu la faire changer d'avis – et contredire la législation en vigueur ? Nous ne le saurons sans doute jamais, vu que toutes les archives informatiques de cette manœuvre ont été mystérieusement effacées – ce qui contrevient aussi probablement aux lois de l'État de Floride. Ce n'est que plusieurs mois plus tard que Katherine Harris a laissé la presse inspecter le contenu de ses disques durs, non sans les avoir fait « réviser » préalablement par son propre spécialiste en informatique. Et voilà une femme qui ambitionne d'être candidate au Congrès. On se demande parfois si ces gens connaissent une limite à l'indécence.

Avec la bénédiction de Harris, les républicains lancèrent une campagne frénétique en faveur de l'adoption de critères de validation des bulletins d'outre-mer aussi peu regardants que possible. Concrètement, cela se traduisit par le fait qu'en Floride le principe d'« égale représentation » fut interprété différemment en fonction des comtés. Ce qui explique sans doute que dans les comtés où Gore l'a emporté, on compte seulement 20 % de bulletins d'outre-mer mal oblitérés, tandis que dans les comtés favorables à Bush, cette proportion s'élève à 60 %.

Quand les démocrates protestèrent en exigeant que les bulletins douteux soient invalidés, les républicains lancèrent une campagne de propagande agressive suggérant que leurs adversaires essayaient de porter préjudice aux hommes et aux femmes qui risquaient leur vie sous les drapeaux. Un conseiller municipal républicain de Naples, en Floride, alla même jusqu'à déclarer que « quand nos soldats se font canarder, les balles ou les bombes terroristes qu'on leur balance ne sont pas oblitérées au bureau de poste le plus proche ». Le congressiste républicain Steve Buyer, de l'Indiana, réussit même à obtenir (peut-être illégalement) les numéros de téléphone et les adresses électroniques de toute une série de militaires pour pouvoir recueillir les plaintes de ceux dont le suffrage avait été invalidé afin de susciter la sympathie du public envers « nos combattants et nos combattantes ». Le vainqueur du Golfe en personne, le général Norman Schwarzkopf, se mit de la partie en déclarant sa profonde amertume de voir les démocrates harceler les électeurs en uniforme.

Bien entendu, les poules mouillées qui dirigent le parti démocrate se laissèrent facilement intimider et déclarèrent forfait. Le candidat démocrate à la vice-présidence, Joe Lieberman, expliqua à la presse qu'il était ridicule de faire toute une histoire sous prétexte que quelques centaines de bulletins d'outre-mer n'étaient pas dûment oblitérés.

Lieberman, comme tant d'autres représentants de cette « nouvelle race » de démocrates, aurait mieux fait de se battre au nom des principes au lieu de se soucier uniquement de son image. À l'occasion de son enquête, le *New York Times* constata en effet les irrégularités suivantes :

✗ Dans le cas de 344 bulletins, on ne possédait aucune preuve que le vote ait été effectué au plus tard le jour du scrutin.

✗ 183 bulletins d'« outre-mer » avaient été affranchis et oblitérés sur le territoire des États-Unis.

✗ Dans le cas de 96 bulletins, on n'avait aucun témoignage fiable de leur provenance et de leur validité.

✗ 169 bulletins appartenaient à des électeurs inconnus des registres électoraux, avaient voyagé dans des enveloppes mal contresignées ou venaient d'individus qui n'avaient pas demandé à obtenir un bulletin de vote.

- ✗ 5 bulletins étaient arrivés en Floride après la date limite du 17 novembre 2000.
- ✗ 19 électeurs d'outre-mer avaient voté deux fois chacun, et leurs bulletins avaient été validés à chaque fois.

Tous ces suffrages contrevenaient donc à la législation de l'État de Floride, et pourtant ils furent validés. Faut-il que je le crie encore plus fort ? *Bush n'a pas gagné les élections ! C'est Gore qui l'a emporté !* Et cela n'a rien à voir avec des problèmes de poinçonnage des bulletins, ni avec la violation sans vergogne du droit de vote des électeurs afro-américains. Il s'agit purement et simplement d'une magouille parfaitement illégale, dont on peut sans peine consulter les preuves flagrantes sur place, à Tallahassee, et qui était explicitement destinée à favoriser l'élection de Bush.

Le matin du samedi 9 décembre 2000, la Cour suprême des États-Unis fut informée que le nouveau décompte des voix en Floride, malgré toutes les manigances des partisans de Bush, semblait de plus en plus favorable à Gore. Vers deux heures de l'après-midi, un pointage officieux ne donnait plus à Bush « qu'un avantage de 66 voix, et Gore continu[ait] à progresser », comme l'annonça un journaliste tout excité. Il était essentiel pour Bush que les mots « Al Gore en tête du scrutin » ne soient jamais prononcés sur une chaîne de télévision américaine. Il n'y avait plus de temps à perdre, et on ne perdit pas de temps. À 14 h 45, la Cour suprême fit suspendre le décompte des suffrages.

On comptait entre autres parmi les magistrats siégeant au sein de cette auguste institution Sandra Day O'Connor, nommée par Ronald Reagan, et William Rehnquist, nommé par Richard Nixon, tous deux âgés de plus de soixante-dix ans, et tous deux fort désireux de prendre leur retraite sous une administration républicaine, afin d'être certains d'être remplacés par des juges non moins conservateurs qu'eux. Le soir de l'élection, on put entendre Sandra O'Connor se plaindre lors d'une réception à Georgetown qu'elle ne pouvait pas se permettre d'attendre quatre ou huit ans de plus. Bush junior était son seul espoir de partir en retraite en Arizona en toute sérénité.

Par ailleurs, deux autres juges aux vues ultra-conservatrices avaient des accointances pour le moins discutables avec le candidat républicain. Ainsi, non seulement l'épouse du juge Clarence Thomas, Virginia Lamp Thomas, travaillait à la Heritage Foundation, une institution conservatrice de premier plan, mais elle venait d'être embauchée par George W. Bush pour l'aider à recruter les membres de sa future administration. Quant à Eugene Scalia, le fils du juge Antonin Scalia, il était avocat dans le cabinet Gibson, Dunn & Scrutcher, qui représentait les intérêts de Bush... auprès de la Cour suprême !

Mais ni Thomas ni Scalia n'estimèrent qu'il y avait là un quelconque conflit d'intérêts et tous deux refusèrent de s'abstenir d'intervenir en la matière. De fait, quand la Cour suprême émit son verdict, c'est Scalia en personne qui expliqua sans sourciller pourquoi le décompte des voix *devait* être interrompu : « J'estime que le décompte de suffrages dont la validité est juridiquement discutable entraîne un dommage irréparable pour le plaignant [Bush] et pour le pays en projetant une ombre sur ce qu'il déclare être la légitimité de son élection. » En d'autres termes, si on recompte toutes les voix et qu'elles finissent par donner la victoire à Gore, cela risque de handicaper Bush une fois qu'il sera investi dans ses fonctions de « président ».

Tu l'as dit, bouffi : si jamais le nouveau décompte des voix prouvait que c'était Gore qui l'avait emporté, il est probable que la présidence aurait reposé sur un matelas de légitimité passablement déplumé.

Pour émettre leur verdict et justifier la fraude, les magistrats de la Cour suprême s'appuyèrent sur la même clause du 14e amendement dite « d'égale protection », qu'ils avaient systématiquement refusé de faire valoir quand des plaignants noirs s'en réclamaient pour mettre en cause des cas de discrimination raciale. D'après eux, étant donné que les méthodes de comptage variaient en fonction des circonscriptions, cela signifiait que tous les électeurs n'étaient pas traités de la même manière et que leurs droits étaient ainsi violés (seule une minorité de juges fit remarquer que le matériel obsolète qui équipait de façon disproportionnée les circonscriptions électorales des quartiers pauvres habités par les minorités ethniques en Floride représentait un cas d'inégalité de traitement beaucoup plus grave).

La presse ne fit qu'ajouter à la confusion générale en procédant à son propre décompte des voix. C'est ainsi qu'on vit le *Miami Herald* titrer comme suit : « La vérification manuelle des bulletins n'aurait pas modifié l'avantage de Bush. » Sauf que si on lisait l'article en question de plus près, on tombait sur le paragraphe suivant : « L'avantage de Bush se serait dissipé si on avait recompté les voix en suivant les critères extrêmement restrictifs que certains républicains défendaient [...]. L'enquête montre que le résultat aurait été différent si toutes les commissions de contrôle de tous les comtés avaient vérifié le contenu de toutes les urnes [...] [En vertu] des critères les plus inclusifs [à savoir des critères qui auraient cherché à refléter la volonté authentique de TOUS les électeurs], Gore aurait gagné avec un avantage de 399 voix [...]. Si on avait éliminé les bulletins qui [suggéraient] soit une erreur de la part de l'électeur, soit un dysfonctionnement de la machine à voter [...] Gore l'aurait emporté par 299 voix. »

J'ai voté pour Ralph Nader et pas pour Al Gore, mais je suppose que tout individu doté d'un sens minimal de l'équité en aurait conclu que la volonté des électeurs de la Floride s'était clairement exprimée en faveur du candidat démocrate. Que ce soit en raison du blocage du décompte des voix ou de l'exclusion de milliers d'électeurs noirs, il est clair que le résultat du scrutin a été perverti de façon frauduleuse.

Il n'y a sans doute pas d'exemple plus criant de la violation flagrante du droit de chaque électeur de voir son suffrage dûment pris en compte que le déroulement du scrutin dans le comté de Palm Beach. On a beaucoup parlé des « bulletins papillons » qui facilitaient les erreurs des électeurs parce que les noms des divers candidats et les emplacements à poinçonner étaient disposés de façon asymétrique sur deux pages en vis-à-vis. Les médias ne se privèrent pas de signaler que le modèle dudit bulletin avait été conçu par une des responsables de la commission électorale du comté, une démocrate, et approuvé par la majorité démocrate de l'administration locale. De quel droit Gore se plaignait-il si c'était un membre de son propre parti qui était responsable de l'existence d'un bulletin aussi mal conçu ?

Sauf que si la presse s'était donné la peine de vérifier, elle aurait découvert que l'une des deux « démocrates » de la commission électorale, Theresa LePore – la personne responsable de la conception du fameux bulletin –, avait été adhérente du Parti républicain. Elle était passée aux démocrates en 1996 ; trois mois après l'investiture de Bush, elle avait abandonné les démocrates et s'était fait enregistrer comme indépendante. Mais aucun journaliste ne prit la peine de s'interroger sur cette curieuse volatilité idéologique.

Quoi qu'il en soit, d'après le *Palm Beach Post*, plus de trois milles électeurs, pour la plupart des personnes âgées d'origine juive qui croyaient voter pour Al Gore, poinçonnèrent le trou correspondant au candidat d'extrême droite Pat Buchanan, bien connu pour son antisémitisme. Buchanan déclara d'ailleurs lui-même à la télévision qu'il était bougrement certain que ces électeurs juifs n'avaient pas voté pour lui.

Le 20 janvier 2001, George W. Bush, installé avec tous les membres de sa junte sur les marches du Capitole, prêta serment devant le juge Rehnquist, de la Cour suprême, comme le font tous les *présidents* des États-Unis lors de leur investiture. Une pluie froide et persistante arrosa Washington tout au long de la journée. Des nuages noirs cachaient le soleil, et la route suivie par le cortège présidentiel jusqu'à la Maison-Blanche, qui accueille normalement des dizaines de milliers de spectateurs, était étrangement déserte.

Si l'on excepte les quelque vingt mille manifestants venus huer Bush tout au long de son parcours, véritable conscience de la nation. Trempés jusqu'à l'os, ils agitaient des pancartes dénonçant le vol de l'élection et la limousine de Bush ne pouvait pas les éviter. Au lieu d'être acclamé par une foule de partisans enthousiastes, le nouvel « élu » était accueilli par des bons citoyens venus lui rappeler le caractère illégitime de son pouvoir : le peuple n'oublierait pas.

À l'endroit où, traditionnellement, depuis Jimmy Carter, tous les présidents fraîchement élus descendaient de leur véhicule et continuaient à parcourir à pied les quelques centaines de mètres qui les séparaient de l'entrée de la Maison-Blanche (comme pour symboliser le fait que notre pays n'est pas gouverné par une famille régnante mais par, euh..., des individus tout pareils à nous-mêmes), la voiture blindée de Bush, de couleur entièrement noire et dotée de vitres fumées – du genre de celles qui plaisent aux gangsters sous toutes les latitudes –, s'arrêta brusquement. La foule se déchaîna : « VIVE L'USURPATEUR ! » Les membres des services secrets et les conseillers de Bush piétinaient sous la pluie glacée, visiblement perplexes. Si Bush se décidait à continuer à pied, il se ferait certainement siffler, conspuer et bombarder d'œufs pourris jusqu'à l'entrée de la Maison-Blanche. La limousine resta immobile pendant près de cinq minutes. La pluie tombait à verse. Des dizaines d'œufs et de tomates s'écrasaient sur la carrosserie. Les manifestants défiaient Bush de se montrer et de leur faire face.

Et puis, tout d'un coup, le véhicule présidentiel démarra et fonça. On avait tranché, il fallait mettre plein pot et s'arracher à la populace le plus vite possible, laissant en plan les agents des services secrets qui couraient derrière la limousine et éclaboussant au passage les gardes du corps du cortège officiel. C'est sans doute le spectacle le plus exaltant auquel j'aie jamais assisté à Washington : un prétendant au trône des États-Unis obligé de prendre la fuite devant des milliers de citoyens américains armés de la seule Vérité, outre les quelques ingrédients d'une bonne omelette.

Au bout de cette course folle, notre Grand Escroc national alla se réfugier dans la tribune à l'épreuve des balles installée devant la Maison-Blanche. Une bonne partie des invités et des membres de la famille Bush l'avait déjà quittée pour se mettre à l'abri du mauvais temps. Mais Bush resta sur place, saluant fièrement les fanfares rendues muettes par la pluie, tandis que les chars détrempés de l'interminable défilé parvenaient sous la tribune dans un état de délabrement pitoyable. De temps à autre, une décapotable inondée défilait, transportant les quelques vedettes de deuxième rayon que Bush avait pu convaincre de venir lui rendre honneur, comme Kelsey Grammer, Drew Carey ou Chuck Norris. À la fin du défilé, Bush se retrouva tout seul à la tribune, dégoulinant de pluie. Même ses proches parents l'avaient abandonné face aux intempéries. Le spectacle avait quelque chose de pathétique : un pauvre petit fils à papa venu à la distribution des prix sans personne pour le féliciter.

Plus pathétique encore était le sort des 154 millions d'entre nous qui n'avaient pas voté pour lui. Sur 200 millions d'électeurs, il me semble bien que cela constitue une majorité.

Et pourtant, en son for intérieur, George W. devait sans doute estimer qu'il n'y avait pas de quoi se faire de mouron. La Maison-Blanche était déjà pleine de vieux briscards prêts à tirer les ficelles de leur marionnette présidentielle. Les bons vieux potes de Papa avaient repris du service, et Georginet pouvait la jouer relax et expliquer à l'opinion qu'il entendait « déléguer » au maximum. Les marionnettistes étaient présents à l'appel et on pouvait leur laisser le souci de gouverner la planète.

Mais, vous me direz, qui sont donc ces patriotes d'exception, ces piliers de la junte putschiste bushiste ? La fine fleur des individus modestes et dévoués qui peuplent les rangs du grand capitalisme américain. Je vous en fournis la liste ci-dessous afin que les troupes des Nations unies et de l'OTAN puissent plus facilement les appréhender au moment de débarquer sur notre sol pour rétablir l'ordre et la démocratie. Nos concitoyens reconnaissants se rassembleront en masse sur leur passage pour saluer leurs libérateurs.

Personnellement je serais en faveur d'organiser des procès collectifs à grand spectacle, genre Chine populaire, et de déporter aussitôt ces messieurs vers une véritable république bananière. Dieu bénisse l'Amérique !

Le Who's Who des putschistes bushistes

« Vice-président »/président *de facto* : Dick Cheney. Vous vous souvenez du slogan électoral de Bush : pour un « conservatisme compatissant » ? Je ne sais pas trop qui est censé incarner la compassion, mais pour ce qui est du conservatisme, suivez mon regard. Pendant six mandats d'affilée, Dick Cheney a représenté le Wyoming au Congrès. Si l'on examine tous ses choix de vote, on peut aisément lui attribuer le titre de champion du conservatisme loin devant ses 435 collègues. Cheney a voté contre l'amendement en faveur de l'égalité des droits pour les Afro-Américains, contre le financement des programmes scolaires à destination des enfants défavorisés, contre une résolution de la Chambre exigeant la libération de Nelson Mandela et contre le financement de l'IVG *même en cas de grossesse due à un viol ou un inceste*. Et son bilan ne s'arrête pas là. Il a joué un rôle substantiel dans tous les gouvernements républicains, y compris celui de Richard Nixon, vu qu'il était alors conseiller juridique adjoint de la Maison-Blanche sous la direction de

Don « Rummy » Rumsfeld. Sous le président Ford, il a remplacé ce dernier comme chef de cabinet. Sous George Bush Ier, il fut secrétaire à la Défense, dirigeant les deux plus importantes campagnes militaires des États-Unis depuis la guerre du Vietnam : l'invasion de Panama et la guerre contre l'Irak.

Dans l'intervalle entre les deux Bush, Cheney était P-DG de Halliburton Industries, une compagnie pétrolière qui fait des affaires avec des régimes répressifs comme la Birmanie ou l'Irak. Pendant la guerre du Golfe, Cheney a nié que cette entreprise ait entretenu des relations avec Saddam Hussein. Mais, en juin 2001, le *Washington Post* révéla que deux succursales de Halliburton opéraient effectivement en Irak. Imaginez un peu le scandale orchestré par les républicains s'ils venaient à découvrir quelque chose de semblable au sujet de Clinton ou de Gore ! Et Cheney est bien entendu partisan des forages pétroliers en Alaska. Mais pas seulement en Alaska : Halliburton participe activement à la construction de plates-formes mexicaines *offshore* dans le golfe du Mexique. Bref, une activité florissante, et on comprend que Cheney se soit un peu fait tirer l'oreille pour vendre ses actions de Halliburton au moment de lancer sa candidature.

Attorney général[2] : John Ashcroft. L'homme qui est aujourd'hui responsable de nos institutions judiciaires est un adversaire acharné de toute forme d'interruption de grossesse, même dans les cas de viol et d'inceste ; un individu qui s'est prononcé contre l'interdiction de la discrimination des homosexuels à l'embauche et sur le lieu de travail ; un partisan de la limitation des possibilités d'appel dans le cas des inculpés condamnés à mort ; un ancien gouverneur qui a présidé à sept exécutions capitales durant son mandat ; un fervent promoteur des

2 Expression relativement intraduisible, « attorney » pouvant signifier « avoué », « avocat » ou « procureur » selon les contextes. Dans ce cas, il s'agit du ministre de la Justice [NdT].

lois antidrogues les plus absurdement répressives. Ce bilan politique explique peut-être pourquoi il n'a pas été réélu au Sénat malgré l'avantage que lui conférait le décès de son adversaire démocrate pendant la campagne. Néanmoins, ses efforts lui ont valu de substantielles donations de la part de firmes comme AT & T, Rent-a-Car et Monsanto. Le groupe pharmaceutique Schering-Plough a également financé sa campagne à hauteur de 50 000 dollars – peut-être pour le remercier d'avoir présenté un projet de loi (qui finit toutefois par être rejeté) étendant la validité de la licence de cette entreprise sur le médicament antiallergique Claritin. Ces appuis dans le secteur pharmaceutique expliquent aussi sans doute pourquoi Ashcroft a voté contre le remboursement par l'assurance maladie de certains médicaments. Un autre contributeur à son budget de campagne, Microsoft, lui avait fait don de 10 000 dollars à travers le comité de collecte de fonds du Comité sénatorial républicain. Heureusement pour Microsoft, l'échec d'Ashcroft aux sénatoriales lui a permis de consacrer toute son énergie au département de la Justice et de concrétiser sa neutralité bienveillante envers le géant du software qui a désormais échappé à l'obligation légale de se scinder en deux entreprises différentes et peut faire absolument ce qui lui plaît.

Ashcroft a également réussi l'exploit de doubler sur sa droite le lobby des porteurs d'armes, la National Rifle Association. Une fois au gouvernement, une de ses premières initiatives en la matière a été d'annoncer que *dans les vingt-quatre heures qui suivent l'achat d'une arme et la vérification des antécédents de l'acheteur*, tous les fichiers de renseignement concernant ces antécédents devront être détruits par les autorités judiciaires – ce qui prive les pouvoirs publics de TOUTE information tant sur les propriétaires d'armes que sur le type d'armement qu'ils possèdent.

Secrétaire au Trésor : Paul O'Neill. Ce champion de l'abolition des impôts sur les bénéfices commerciaux a été P-DG d'Alcoa, le plus gros producteur mondial d'aluminium (et l'un des plus gros pollueurs du Texas) avant de rejoindre l'administration Bush. Alcoa ne fait plus de lobbying direct mais confie cette tâche au cabinet Vinson & Elkins. Cette firme juridique, qui est aussi le troisième contributeur en volume au budget de campagne de Bush, a réussi à contourner légalement la législation sur la protection de l'environnement du Texas en permettant à Alcoa d'émettre 60 000 tonnes de dioxyde de soufre par an. La fortune personnelle de O'Neill doit également beaucoup à Alcoa. Ce n'est qu'à contrecœur et en traînant des pieds que ce dernier a en effet fini par accepter de vendre ses parts dans cette entreprise – qui représentent une bonne part des 62 millions de dollars de titres en sa possession. Il a quand même attendu pour s'en défaire de voir leur valeur augmenter de 30 %, et ce après qu'il a été nommé au gouvernement. En tant que trésorier en chef, O'Neill a déclaré que la caisse de retraites fédérale et l'assurance médicale pour les personnes âgées lui paraissaient inutiles. C'est peut-être parce qu'Alcoa lui fait cadeau d'une pension annuelle de 926 000 dollars.

Secrétaire à l'Agriculture : Ann Veneman. Comme nombre d'autres membres de l'administration Bush, Ann Veneman est une habituée de longue date des cabinets républicains. Elle a travaillé tant pour Ronald Reagan que pour Papa Bush avant d'être nommée directrice du département des Affaires agricoles et alimentaires de Californie sous le gouverneur Pete Wilson. Sa politique y a fortement favorisé l'élimination des petites exploitations familiales par les géants de l'agroalimentaire – phénomène qui explique par exemple qu'actuellement 80 % de la viande bovine produite aux États-Unis soit traitée par seulement quatre entreprises. Sa fortune est évaluée à seulement 680 000 dollars, ce qui en fait un des membres les plus modestes du cabinet Bush. On sait qu'elle s'efforçait toutefois de compenser cette relative indigence en siégeant au conseil d'administration de Calgene, la première entreprise à avoir commercialisé des aliments transgéniques. Calgene a été rachetée par Monsanto, le numéro un américain des biotechnologies, qui a lui-même été racheté par Pharmacia. Monsanto, qui a contribué au budget de campagne de Bush à hauteur de 12 000 dollars, essaie actuellement de bloquer un projet de loi instaurant l'obligation de mentionner les ingrédients transgéniques sur les étiquettes de produits alimentaires. Veneman a également collaboré avec le Conseil international des politiques agroalimentaires, un organisme privé fondé par des géants du secteur comme Nestlé et Archer Daniels Midland.

Secrétaire au Commerce : Don Evans. Avant d'entrer au gouvernement, Evans était P-DG de Tom Brown, Inc., une compagnie pétrolière et gazière pesant 1,2 milliard de dollars. Evans siégeait également au conseil d'administration de TMBR/Sharp Drilling. En tant que trésorier de la campagne de Bush, il a réussi à collecter un chiffre record de plus de 190 millions de dollars. L'Office national du contrôle océanique et atmosphérique, qui est responsable de la préservation du littoral, est désormais sous la juridiction de ce chevalier du pétrole.

Secrétaire à la Défense : Donald Rumsfeld. Don Rumsfeld est un vieux faucon du Parti républicain. Il était conseiller juridique de la Maison-Blanche sous Richard Nixon aux côtés de Dick Cheney. C'est en qualité de secrétaire à la Défense puis de chef de cabinet de Gerald Ford qu'il a réussi presque à lui tout seul à faire capoter l'accord de contrôle des armements SALT II avec l'Union soviétique. Il a d'ailleurs systématiquement marqué son opposition à toute forme de contrôle des armements, définissant le traité ABM comme de l'« histoire ancienne » lors de sa déclaration d'investiture devant le Sénat en 2001. Partisan de longue date du programme de bouclier spatial « Guerre des étoiles », il a supervisé en 1998 une commission chargée d'évaluer la menace représentée par une éventuelle attaque des États-Unis par des missiles balistiques. D'après lui, il fallait s'attendre à une menace de ce type de la part d'« États voyous » dans les cinq années à venir (soit dans un délai deux fois plus court que celui estimé par la CIA). Non content de faire la réclame pour les bombes B-1 ou les missiles MX, Rumsfeld s'honore d'avoir été P-DG du groupe pharmaceutique G. D. Searle (racheté par Pharmacia) et de General Instruments (racheté par Motorola). Avant d'entrer au gouvernement, il a siégé aux conseils d'administration de Kellog's, Sears, Allstate et de Tribune Company (groupe de presse qui contrôle le *Chicago Tribune*, le *Los Angeles Times* et un certain nombre de chaînes de télévision, dont Channel 11 à New York).

Secrétaire à l'Énergie : Spencer Abraham. Le bilan écologique de ce sénateur du Michigan est si désastreux que la Ligue des électeurs pour la protection de l'environnement lui a attribué un zéro en la matière. Il est contre la recherche sur les énergies renouvelables et la taxe fédérale sur les carburants et voit d'un très bon œil l'autorisation de l'exploitation pétrolière en Alaska. C'est sans doute ce qui explique qu'il ait voté en 2000 en faveur de la suppression du ministère qu'il dirige aujourd'hui. Abraham est aussi le candidat qui a le plus bénéficié des largesses de l'industrie automobile : pas moins de 700 000 dollars. Un des principaux contributeurs à sa campagne n'était autre que DaimlerChrysler, une entreprise qui fait partie de la Coalition for Vehicle Choice. Ce groupe de pression se consacre essentiellement à essayer de bloquer toute initiative en matière d'économies de carburant. Cette année, DaimlerChrysler entend introduire sur le marché un nouveau 4 × 4 encore plus volumineux qui consomme 20 litres au cent. Pas de problèmes : quand il était sénateur, Abraham a également voté contre la limitation de la consommation de carburant des véhicules tout-terrain.

Secrétaire à la Santé et aux Affaires sociales : Tommy Thompson. Pas de questions de conscience pour le principal intermédiaire entre les pouvoirs publics et l'industrie du tabac. On ne voit pas ce qui l'empêcherait d'être impartial en la matière : Thompson a en effet siégé au conseil d'orientation du Washington Legal Fund, un organisme au service des promoteurs de la cigarette ; il a reçu près de 72 000 dollars de fonds de campagne de Philip Morris, entreprise qui a également financé plusieurs de ses voyages à l'étranger, où il s'est employé à vanter les beautés du libre-échange. Il a toutefois été obligé de vendre ses actions de Philip Morris – pour une valeur qu'on estime entre 15 000 et 50 000 dollars –, ce qui est fort dommage pour lui, car on peut supposer que les affaires du secteur vont considérablement prospérer pendant toute la durée de sa présence au gouvernement.

Secrétaire à l'Intérieur : Gale Norton. Gale Norton suit la voie tracée par son mentor et prédécesseur James Watt. Elle a commencé sa carrière juridique au sein de la Mountain States Legal Foundation, un organisme conservateur de « recherches sur l'environnement » fondé par Watt et financé par le secteur pétrolier. C'est en collaboration étroite avec cette institution que Norton a contribué à permettre aux autorités de l'Alaska de contourner la législation sur les pêcheries. Elle a dénoncé le caractère anticonstitutionnel de la Loi de protection des espèces en voie de disparition et mené une véritable guérilla juridique contre la Loi nationale de protection de l'environnement. À l'époque où elle travaillait pour le cabinet Brownstein, Hyatt & Farber, Norton a géré les intérêts de Delta Petroleum et défendu l'entreprise NL Industries (anciennement National Lead) contre les poursuites engagées à son encontre en raison des effets nocifs des peintures au plomb, spécialement chez les enfants. Elle a également été présidente de la Coalition des environnementalistes républicains, un organisme financé par Ford et par BP Amoco.

Secrétaire au Travail : Elaine Chao. Si Chao a surtout travaillé pour des organisations à but non lucratif, comme UnitedWay et le Peace Corps, elle a aussi siégé aux conseils d'administration de Dole Food, Clorox et de prestataires de services de santé comme C. R. Bard (qui, dans les années 1990, a dû plaider coupable de la fabrication de cathéters défectueux et d'expérimentations illégales de ces produits) et le géant HCA (Hospital Corporation of America). Le conseil d'administration de Northwest Airlines l'a également accueilli en son sein. Elle est l'épouse du sénateur républicain du Kentucky Mitch McConnell.[3]

Secrétaire d'État[3] : Colin Powell. Quand il ne fait pas la guerre, Powell siège aux conseils d'administration de Gulfstream Aerospace et America On Line (AOL). Gulfstream construit de jets privés tant pour les magnats de Hollywood que pour les gouvernements de pays comme le Koweit et l'Arabie saoudite. À l'époque où il siégeait au conseil d'AOL, cette entreprise a fusionné avec Time Warner, et la valeur des actions de Powell a augmenté de 4 millions de dollars. Signalons qu'à cette occasion Michael Powell, le fils de Colin, fut le seul membre de la Commission fédérale des communications (FCC) à considérer cette fusion comme ne posant aucun problème. Depuis, Michael Powell a été nommé président de la FCC par George W. Bush ; une partie de son travail consiste à contrôler les activités de AOL/Time Warner. Il lui incombera également de superviser la réglementation de la technologie de « messagerie instantanée » développée par AOL.

Secrétaire au Transport : Norman Y. Mineta. Seul « démocrate » dans le cabinet de Bush, Mineta est un rescapé de l'administration Clinton qui dispose de son propre réseau de relations

3 C'est-à-dire responsable du département d'État (ministère des Relations extérieures) [NdT].

dans le monde des affaires. À l'époque où il représentait Silicon Valley au Congrès, il a reçu des contributions de Northwest Airlines, United Airlines, Greyhound, Boeing et Union Pacific. À la fin de son mandat à la Chambre des représentants, il est parti travailler pour Lockheed Martin. Quel meilleur poste pouvait-il occuper au gouvernement que celui de responsable du département chargé de « superviser » toutes ces entreprises ?

Chef de cabinet de la Maison-Blanche : Andrew H. Card Jr. Card faisait du lobbying pour General Motors avant d'entrer dans le cabinet Bush. Il était également P-DG de feu l'Association américaine des constructeurs d'automobiles, qui luttait contre une réglementation trop sévère des émissions de gaz carbonique et contre la concurrence japonaise. Card a témoigné devant le Congrès au nom de la Chambre de commerce des États-Unis contre la « Déclaration des droits des passagers ». Il a personnellement versé une somme de 1 000 dollars à chacune des campagnes de John Ashcroft et Spencer Abraham.

Directeur du Bureau de la gestion et du budget : Mitch Daniels Jr. Daniels était vice-directeur du groupe pharmaceutique Eli Lilly. Les responsabilités actuelles de Daniels incluent la supervision de l'élaboration du budget fédéral, y compris la définition de la somme dégagée (si elle est dégagée) en faveur des bénéficiaires du programme d'assurance maladie, une mesure à laquelle Eli Lilly et les autres firmes pharmaceutiques sont farouchement opposées. Daniels possède également un portefeuille d'actions de GE, Citigroup et Merck pour une valeur de 50 000 à 100 000 dollars. Les chances que ce gouvernement fasse bénéficier les personnes âgées de mesures d'aide médicale sont à peu aussi grandes que celles que je m'immole par le feu devant une pharmacie.

Conseillère à la Sécurité nationale : Condoleezza Rice. En remerciements de ses services au conseil d'administration de Chevron,

Rice a un supertanker de 130 000 tonnes baptisé à son nom. Elle a également occupé des positions dirigeantes chez Charles Schwab et Transamerica et a travaillé comme consultante auprès de J. P. Morgan. Elle faisait déjà partie de l'équipe chargée de la Sécurité nationale dans le cabinet de Papa Bush.

Premier conseiller de la présidence : Karl Rove. Partisan et ami de longue date de Bush, Rove a travaillé comme consultant auprès de Philip Morris. Pendant cinq ans, et alors même qu'il était conseiller du gouverneur Bush, cette entreprise l'a payé 3 000 dollars par mois pour bénéficier de ses informations exclusives sur les perspectives du processus électoral et les différents candidats en lice. Depuis qu'il est entré dans le cabinet de Bush, Rove a été systématiquement mis en cause pour avoir usé de son pouvoir au profit des entreprises dont il est actionnaire (la valeur globale de son portefeuille d'actions est estimée entre 1 million et 2,5 millions de dollars). Ainsi, récemment, Rove s'est réuni à plusieurs reprises avec les dirigeants d'Intel pour discuter des conditions d'une possible fusion, alors même qu'il possède des actions de cette entreprise. La fùsion fut approuvée deux mois après ces réunions, et Rove a vendu ses actions d'Intel un mois plus tard.

Conseiller officieux du président : Kenneth L. Lay. Lay est à la tête d'Enron, la plus grosse entreprise de commercialisation d'énergie des États-Unis et un des principaux contributeurs à la campagne de Bush[4]. Lay s'est servi de sa relation intime avec le président pour faire pression sur le président de la Commission fédérale de régulation de l'énergie afin qu'il accélère la dérégulation du secteur. Apparemment, Lay a également fourni à Bush une liste de candidats potentiels à des postes clés. En partie

4 Ce texte a été rédigée avant le scandale qui a frappé Enron quelques mois plus tard [NdT].

grâce à la crise de l'énergie en Californie, Enron a connu une croissance rapide et pèse aujourd'hui environ 100 milliards de dollars. Bush et Cheney font particulièrement confiance au jugement de Lay ; certains candidats à des postes au sein de l'administration Bush doivent parfois être « audités » par Lay avant d'être embauchés.

Comme vous pouvez le constater, chers amis, il s'agit d'une équipe gouvernementale qui a bien l'intention de se remplir les poches et qui ne se laissera pas évincer sans une résistance féroce. Leur tâche principale est de combiner leur pouvoir économique et leur pouvoir politique nouvellement acquis pour diriger ce pays et contribuer en passant à enrichir encore plus leurs copains. Il faut faire barrage à ces Crétins d'Hommes blancs. J'ai informé Kofi Annan de la position actuelle de chacun d'entre eux afin que les troupes de l'ONU puissent les appréhender sur les lieux de leurs méfaits. Monsieur Annan, je vous en supplie, vous avez envahi des pays pour moins que ça. N'ignorez pas notre triste sort. Nous vous en conjurons : sauvez les États-Unis d'Amérique ! Exigez la tenue de nouvelles élections transparentes. Donnez aux membres de la junte au pouvoir un ultimatum de quarante-huit heures et, s'ils ne s'exécutent pas, offrez-leur un grand spectacle son et lumière du genre « Tempête du désert » !

1

Mon cher George

Lettre ouverte au « président » George W. Bush

Cher gouverneur Bush,

Vous et moi, nous sommes quasiment parents. Le lien entre nous remonte à quelques années. Ni vous ni moi n'avons souhaité rendre publique cette relation pour des raisons évidentes, à savoir principalement que personne ne nous aurait crus. Et pourtant, en raison d'un choix tout à fait intime de la famille Bush, ma vie a été profondément affectée.

Soyons clairs et avouons-le : c'est ton cousin Kevin – on peut se tutoyer, pas vrai ? – qui a fixé sur la pellicule les images de *Roger et moi.*

À l'époque ou je tournais ce film, je ne savais pas que ta mère et la mère de Kevin étaient sœurs. Je croyais que Kevin, que j'avais rencontré sur le tournage de son propre documentaire sur une cérémonie du Ku Klux Klan dans le Michigan, n'était qu'un de ces artistes bohèmes qui vivent à Greenwich Village. Kevin avait fait un film remarquable, *Atomic Café,* et, en plaisantant, je lui ai demandé s'il ne voulait pas venir chez moi à Flint, pour m'apprendre à faire du cinéma. À ma grande surprise, il accepta, et c'est comme ça qu'en février 1987, pendant une semaine, Kevin Rafferty et Anne Bohlen ont sillonné Flint à mes côtés en m'enseignant les techniques de tournage et tous les secrets du métier de documentariste. Sans la générosité de ton cousin, *Roger et moi* n'aurait jamais vu le jour.

Je me souviens du jour où ton papa entra officiellement en fonctions. J'étais en train de monter le film dans un vieux studio miteux de Washington et je décidai d'aller au Capitole assister à la cérémonie d'investiture. Je n'en crus pas mes yeux quand j'ai aperçu ton cousin Kevin, mon généreux mentor, assis à tes côtés à la tribune ! Je me rappelle aussi qu'on avait organisé à l'occasion un concert gratuit des Beach Boys, qui chantaient « Wouldn't It Be Nice » en l'honneur de ton père. De retour au studio, je retrouvais sur l'écran mon copain Ben au bord de l'apoplexie, en plein délire sur la chaîne de montage de General Motors, et entonnant la même chanson des Beach Boys pour accompagner des vues de Flint en ruine.

Quelques mois plus tard, à la sortie du film, le président en commanda une copie pour la visionner en famille lors d'un week-end à Camp David. Qu'est-ce que je n'aurais pas donné pour être une mouche collée au plafond et pouvoir espionner les Bush au grand complet en train de contempler le désastre et le désespoir qui accablaient ma ville – et ce largement grâce à la politique de M. Reagan et de ton père ? Et je reste avec une immense interrogation : à la fin du film, quand l'adjoint du sheriff jette sur le trottoir les cadeaux et le sapin de Noël des pauvres gosses expulsés de chez eux parce que leurs parents doivent 150 dollars de loyer, l'un d'entre vous a-t-il versé une larme ? Un membre de la famille Bush s'est-il senti responsable ? Ou bien est-ce que vous vous êtes contentés de penser « beau travail de caméra, Kev'! » ?

C'était la fin des années 1980. Quelque temps auparavant, tu avais décidé d'arrêter de boire comme un trou ; après quelques années d'abstinence, tu « cherchais ta voie », comme on dit – avec un coup de pouce de Papa, bien sûr : un petit puits de pétrole par ci, une équipe de base-ball par là. J'ai toujours pensé que tu n'avais jamais vraiment eu l'intention de devenir toi-même président. Parfois, on tombe sur un boulot qui nous attire pas vraiment, ça nous arrive à tous un jour ou l'autre.

Mais, en ce qui te concerne, les choses se présentent sans doute autrement. Après tout, non seulement la présidence ne te branche visiblement pas, mais te voilà entouré de la même bande de guignols qui faisaient la loi sur la planète aux côtés de ton paternel. Tous ces types qui usent les tapis de la Maison-Blanche – Dick, Rummy, Colin –, y en a pas un seul qui soit un vrai pote à toi ! Tout ça, c'est rien que les vieux emmerdeurs que Papa invitait autour d'un verre de vodka et d'un havane pour planifier le bombardement des habitants de Panama City.

George, t'es pourtant bien un des nôtres, t'es de la même génération, un cancre, un fêtard, comme nous ! Qu'est-ce que tu fabriques avec ces bouffons ? Ils sont en train de te dévorer vivant, prêts à te recracher comme un morceau de viande faisandé.

Sans doute qu'ils t'ont pas dit que la fameuse grande baisse des impôts qu'ils t'ont fait approuver est une combine pour voler l'argent des classes moyennes et le redistribuer aux super-riches. Je sais bien que toi, t'as pas besoin de ce petit cadeau, vu que t'as pas à t'inquiéter pour l'avenir, grâce aux excellentes affaires que Grand-Papa Prescott Bush a faites avec les nazis avant et pendant la Seconde Guerre mondiale[1].

---

1 Vers la fin des années 1930 et tout au long des années 1940, Prescott Bush, père de George et grand-père de George W., était l'un des septs membres du directoire de la Union Banking Corporation, qui appartenait à des industriels nazis. Passant par l'intermédiaire d'une banque hollandaise, ces derniers mirent près de trois millions de dollars à l'abri des coffres de la banque de Prescott Bush. Vu sa position éminente, il est fort improbable que notre homme n'ait rien su de l'origine de cet argent. Le gouvernement finit par saisir ces fonds et la banque fut dissoute en 1951, suite à quoi Prescott et son père Sam Bush reçurent 1,5 million de dollars.

Mais tous ces types qui ont financé ta campagne à hauteur de 190 millions de dollars (un chiffre record dont les deux tiers furent déboursés par à peine sept cents contributeurs), ils veulent qu'on leur renvoie l'ascenseur, et avec les intérêts en prime. Ils vont te harceler comme des chiennes en chaleur et s'assurer que tu leur obéis au doigt et à l'œil. Clinton s'était contenté de louer la chambre à coucher de Lincoln à Barbara Streisand, mais eux, ils n'auront aucun scrupule : avant même que tu aies le temps de t'en apercevoir, ton pote, le président en charge Dick Cheney, refilera les clés de l'aile ouest de la Maison-Blanche aux P-DG d'AT & T, d'Enron et d'ExxonMobil.

On te critique sous prétexte que tu te paies une petite sieste en milieu de journée et que tu quittes le boulot sur le coup de 16 h 30. T'as qu'à répondre que tu ne fais qu'inaugurer une nouvelle tradition américaine : droit universel à la sieste et tout le monde à la maison à cinq heures du soir ! Il suffit que tu proposes ça et tu vas voir qu'on se souviendra de toi comme du meilleur de nos présidents.

Comment ose-t-on prétendre que tu te tournes les pouces ? Jamais vu un président aussi affairé que toi. À croire que t'es persuadé de ne pas durer longtemps au poste de commande. Tu devrais voir le bon côté des choses : avec le Sénat passé aux mains des démocrates et la Chambre qui ne saurait tarder à faire de même, t'as encore deux ans devant toi avant que ces mauvais perdants, euh, gagnants, qui ont voté pour Gore, te montrent la porte.

En tout cas, en à peine quelques mois, ton bilan est déjà impressionnant. T'as quand même réussi à :

- ✗ Réduire de 39 millions de dollars le budget des bibliothèques fédérales.
- ✗ Réduire de 35 millions de dollars le budget du programme de formation en médecine pédiatrique avancée.
- ✗ Réduire de 50 % le budget de la recherche sur les énergies renouvelables.

- ✗ Repousser l'émission du règlement réduisant les niveaux « acceptables » d'arsenic dans l'eau potable.
- ✗ Réduire de 28 % le budget du programme de recherche pour des véhicules moins polluants et moins consommateurs d'énergie.
- ✗ Abolir la législation permettant à l'État de refuser tout contrat public aux entreprises qui violent les lois fédérales, les lois de protection de l'environnement et les règles de sécurité sur le lieu de travail.
- ✗ Permettre à la secrétaire à l'Intérieur Gale Norton d'explorer la possibilité d'ouvrir les parcs nationaux à l'exploitation forestière et minière et aux forages pétroliers et gaziers.
- ✗ Renier ta promesse de campagne d'investir cent millions de dollars par an dans la protection des forêts tropicales.
- ✗ Réduire de *86 %* le programme communautaire d'accès aux soins, qui organisait la coopération des hôpitaux publics, des cliniques privées et autres prestataires pour venir en aide aux malades dépourvus d'assurance médicale.
- ✗ Réduire à néant une proposition visant à accroître l'accès du public aux informations sur les conséquences potentielles des accidents chimiques industriels.
- ✗ Réduire de 60 millions de dollars le programme de logements sociaux du Boys and Girls Club of America[2].
- ✗ Refuser de signer l'accord de Kyoto sur l'effet de serre, contre la volonté de 178 pays.
- ✗ Rejeter un accord international ayant pour but l'application du traité de 1972 bannissant les armements microbiologiques.
- ✗ Réduire de 200 millions de dollars le budget des programmes de formation des travailleurs au chômage.
- ✗ Réduire de 200 millions de dollars le Fonds pour l'enfance et le développement, un programme qui permet aux familles

2 Une fondation d'aide à l'enfance [NdT].

à bas revenus de faire garder leurs enfants pendant les heures de travail.

- ✗ Éliminer la couverture des contraceptifs prescrits médicalement pour les fonctionnaires de l'administration fédérale (alors que le Viagra est encore couvert).
- ✗ Réduire de 700 millions de dollars le budget de réhabilitation des logements sociaux.
- ✗ Réduire d'*un demi-milliard* de dollars le budget de l'EPA (Agence de protection de l'environnement).
- ✗ Abolir les directives concernant les règles d'hygiène et de sécurité sur les lieux de travail.
- ✗ Renier ta promesse de campagne de réguler les émissions de dioxyde de carbone qui contribuent fortement à l'effet de serre.
- ✗ Interdire l'attribution d'aide d'origine fédérale aux organisations internationales de planning familial qui fournissent des conseils ou des services en matière d'IVG, fussent-ils financés sur fonds propres.
- ✗ Nommer responsable en matière d'hygiène et de sécurité minières auprès du ministère du Travail un ancien dirigeant d'une entreprise minière, Dan Laurier.
- ✗ Nommer sous-secrétaire au ministère de l'Intérieur Lynn Scarlett, un fonctionnaire qui ne croit pas à l'effet de serre et qui s'oppose à l'introduction de règles plus contraignantes contre la pollution atmosphérique.
- ✗ Approuver le projet controversé du ministre de l'Intérieur Gale Norton, qui consiste à mettre aux enchères des fonds marins proches de la côte est de la Floride aux fins d'exploitation pétrolière et gazière.
- ✗ Prévoir l'autorisation de forages pétroliers dans une aire protégée du Montana, la Lewis and Clark National Forest.
- ✗ Menacer de fermer le Bureau de lutte contre le SIDA de la Maison-Blanche.

- ✗ Décider de ne plus consulter l'Association américaine du barreau en matière de nomination des juges fédéraux.
- ✗ Refuser toute aide financière aux étudiants condamnés pour des délits de toxicomanie mineurs (alors que les personnes condamnées pour assassinat ont toujours droit à ces aides).
- ✗ Dégager seulement 3 % du montant défini par les avocats du département de la Justice pour le budget alloué aux poursuites de l'administration contre l'industrie du tabac.
- ✗ Faire passer ton projet de baisse d'impôts qui profite, pour 43 %, au 1 % des Américains les plus fortunés.
- ✗ Signer un décret qui rend beaucoup plus difficile aux Américains disposant de revenus faibles ou moyens de se déclarer en faillite personnelle, même quand ils font face à des dépenses médicales exceptionnelles.
- ✗ Nommer directeur du personnel de la Maison-Blanche Kay Cole James, une adversaire de la discrimination positive en faveur des minorités.
- ✗ Réduire de 15,7 millions de dollars le budget du programme contre la maltraitance des mineurs.
- ✗ Proposer l'élimination du programme « Lire, c'est fondamental », qui permettait de distribuer gratuitement des livres aux enfants de famille pauvres.
- ✗ Stimuler le développement d'armements « micronucléaires » destinés à atteindre des cibles souterraines, et ce en violation du Traité d'interdiction complète des essais nucléaires.
- ✗ Essayer d'éliminer une législation protégeant 24 millions d'hectares de forêt contre toute forme d'exploitation forestière et contre la construction de routes.
- ✗ Nommer responsable du contrôle des armements et des questions de sécurité internationale John Bolton, adversaire des traités de non-prolifération et hostile à l'ONU.
- ✗ Nommer une dirigeante de Monsanto, Linda Fisher, comme administratrice adjointe de l'Agence de protection de l'environnement.

- ✗ Nommer à un poste de juge fédéral Michael McConnell, dont on connaît bien l'opposition à la séparation de l'Église et de l'État.
- ✗ Nommer à un poste de juge fédéral Terrence Boyle, adversaire des droits civiques.
- ✗ Éliminer la date butoir de 2004 accordée aux constructeurs d'automobiles pour développer des prototypes de véhicules plus économes en carburant.
- ✗ Nommer à la tête du programme gouvernemental de lutte contre la drogue John Walters, adversaire du traitement des toxicomanes incarcérés.
- ✗ Nommer secrétaire adjoint à l'Intérieur J. Steven Giles, bien contenu pour son travail au service des lobbies du charbon et du pétrole.
- ✗ Nommer responsable pour l'eau et la recherche scientifique auprès du ministère de l'Intérieur Bennett Raley, adversaire de la législation en faveur de la protection des espèces menacées.
- ✗ Faire pression pour bloquer les poursuites engagées contre le Japon par les femmes asiatiques ayant servi d'esclaves sexuelles aux troupes japonaises pendant la Seconde Guerre mondiale.
- ✗ Nommer conseiller juridique de la Maison-Blanche Ted Olson, ton principal avocat dans la controverse juridique sur la légalité du scrutin en Floride.
- ✗ Proposer d'accélérer la procédure d'autorisation de la construction de raffineries, de barrages et de centrales nucléaires, y compris en affaiblissant les critères de protection de l'environnement.
- ✗ Proposer la vente de zones de forage gazier et pétrolier dans les aires protégées de l'Alaska.

Waow ! Je suis crevé rien que de taper toute cette liste ! Où est-ce que tu as trouvé l'énergie pour abattre tout ce boulot ? (C'est grâce aux petites siestes, pas vrai ?)

Vraiment, ton cas m'intéresse. Réfléchis un peu : quelle a été ta première décision de « président » ? Souviens-toi : avant même de monter dans la voiture dans laquelle tu as descendu Pennsylvania Avenue pour célébrer ton investiture, tu as insisté pour envoyer quelqu'un chercher un tournevis et dévisser la plaque d'immatriculation du véhicule parce qu'elle portait l'inscription « Oui au statut d'État pour Washington D C ! »[3] Tu te rends compte ? C'est la journée la plus importante de ta vie et tu te mets en pétard à cause d'une plaque d'immatriculation ? Il faut VRAIMENT que tu décompresses, mon gars !

Cela dit, ça faisait déjà un bout de temps que je me faisais du souci pour tes nerfs. Pendant toute la campagne, tu as exhibé un certain nombre de symptômes inquiétants. Apparemment, tu t'es un peu calmé depuis, mais je continue à avoir des doutes sur ta capacité de tenir le coup dans ce boulot. C'est pas que je veuille te faire la morale ou me mêler de ce qui ne me regarde pas – je laisse ça à Dick Cheney ! Simplement, en tant qu'ami de la famille, j'essaie sincèrement de t'aider.

Pour te dire les choses un peu brutalement, j'ai peur que ton comportement ne constitue une menace pour la sécurité nationale.

Je sais, ça paraît un peu exagéré, mais sois certain que je ne dis pas ça de gaieté de cœur. Ça n'a rien à voir avec les désaccords mineurs que nous pouvons nourrir concernant l'exécution de condamnés à mort innocents ou le pillage de l'Alaska par les compagnies pétrolières. Pas question, non plus, de mettre en doute ton patriotisme : je suis sûr que tu vouerais un amour sans bornes à n'importe quel pays qui se serait montré aussi généreux envers toi.

Non, ce qui me préoccupe, c'est un certain nombre de comportements que tous ceux qui te chérissent ont pu obser-

3 L'idée de donner le statut d'État à Washington est assez mal vue par les conservateurs car elle suppose d'accorder des pouvoirs législatifs et exécutifs propres à un territoire majoritairement peuplé par des Noirs [NdT].

ver depuis qu'ils te connaissent. Certaines habitudes, disons, un peu surprenantes ; d'autres, encore, sur lesquelles tu n'exerces sans doute pas un plein contrôle ; d'autres, enfin, qui sont malheureusement le lot commun de trop de nos concitoyens.

Vu que c'est toi qui es censé appuyer sur le Bouton (tu sais, ce truc qui peut faire sauter la planète), et vu que tes décisions ont des conséquences de la plus grande ampleur pour ladite planète, je souhaiterais te poser trois questions très précises – et je souhaiterais aussi que tu nous donnes, à moi et au peuple américain, trois réponses les plus sincères possibles.

1. George, es-tu capable de lire et d'écrire comme un adulte normal ?

J'ai malheureusement l'impression, et je ne suis pas le seul, que tu souffres d'analphabétisme fonctionnel. Je t'assure qu'il n'y a pas de quoi avoir honte, il y en a des millions comme toi (t'as qu'à compter les fôtes d'orthografe dans cette page). Des millions d'Américains ont un niveau de lecture et de rédaction inférieur au CM 1. Pas étonnant que t'aies pu déclarer qu'il ne faut laisser « aucun de nos écoliers perdre pied » : tu sais parfaitement ce que ça veut dire.

Sauf que ça m'amène à te poser une question : si tu as du mal à déchiffrer correctement les rapports qu'on te soumet en tant que Chef du Monde-À-Peu-Près-Libre, comment pouvons-nous risquer de te confier nos secrets nucléaires ?

Les symptômes de ton illettrisme sont patents, et pourtant il semble que personne ne t'ait jamais demandé de comptes à ce sujet. Le premier indice, c'est quand on t'a demandé quel était ton livre d'enfant favori. Tu as répondu : *La chenille qui avait très très faim.*

Fort bien, sauf que ce livre n'a été publié qu'un an après que tu obtiennes ta licence.

Et puis, il y a le problème de tes copies d'examen, à supposer que ce soient vraiment les tiennes. Comment t'as bien pu faire pour entrer à Harvard alors que les autres candidats de l'année 1964 avaient des moyennes bien plus élevées que la tienne ?

Pendant la campagne, quand on t'a demandé ce que tu lisais en ce moment, tu t'en es fort bien tiré – jusqu'au moment où on t'a interrogé sur le contenu des bouquins que tu citais. Silence. Pas étonnant que tes conseillers t'aient poussé à laisser tomber les conférences de presse deux mois avant la fin de la campagne. Ils étaient morts de trouille rien qu'à l'idée des questions qu'on pouvait te poser – et surtout de tes réponses.

En tout cas, il y a une chose qui n'a échappé à personne, c'est que tu es incapable d'utiliser la langue anglaise de façon compréhensible pour ton auditoire. Au début, ta façon d'estropier la syntaxe et le vocabulaire avait quelque chose de plutôt sympa, ça pouvait même avoir un certain charme. Mais, au bout d'un moment, ça a commencé à devenir un peu préoccupant. Et puis un jour, dans une interview, tu as annoncé un virage à 80 degrés dans notre politique à l'égard de Taïwan, pourtant vieille de plusieurs décennies. Tu as déclaré que nous étions « prêts à tout » pour défendre Taïwan, laissant même entendre que nous pourrions y déployer des troupes. Seigneur Dieu, George ! Le monde entier a eu les jetons et on était déjà tous aux abris en un clin d'œil.

Si tu veux vraiment être le chef des armées, tu dois faire un sérieux effort pour communiquer intelligiblement. Ces petits lapsus risquent de finir par nous coûter cher. Il n'en faudrait pas beaucoup pour qu'une bévue de ce genre se transforme en cauchemar national. Imagine un peu que tu déclares sans le vouloir que « nous devons nous débarrasser de cette saleté de Russes » alors que tu veux simplement dire qu'il y a une tâche de salade russe sur ta cravate. Vaut mieux garder le doigt sur la gâchette !

Tes conseillers prétendent que tu ne lis pas (ou que tu n'es pas capable de lire ?) les rapports qu'ils te remettent, et que tu leur demandes qu'ils te les lisent ou qu'ils les lisent à ta place. Ça me rappelle que ta maman, quand elle était la première dame, manifestait un vif intérêt pour les programmes de lecture pour enfants en difficulté. Faut-il croire qu'elle parlait en connaissance de cause ?

Je t'en supplie, ne le prends pas mal. C'est peut-être simplement un trouble dysfonctionnel de l'apprentissage. On compte près de soixante millions d'Américains qui souffrent de cette pathologie. Il n'y a pas de honte à ça. Et je suis convaincu que rien n'empêche un dyslexique d'être président des États-Unis. Albert Einstein était dyslexique ; Jay Leno[4] aussi. (Chouette, j'ai enfin réussi à fourrer Einstein et Leno dans une même phrase ! Ce qu'on peut faire avec le langage, quand même !)

Mais si tu te refuses à envisager une quelconque forme de thérapie, je crains bien que ta présence à la Maison-Blanche ne soit une menace pour notre pays. Tu as besoin d'aide. Finis les briefings dans le Bureau ovale, ce qu'il te faut, c'est un bon cours de prononciation pour débutants.

Allez, dis-nous la vérité, et je viendrai te faire un peu de lecture chaque soir avant que tu t'endormes.

2. Souffres-tu d'alcoolisme et, si oui, comment cela affecte-t-il ta fonction de chef des armées ? Encore une fois, je ne cherche pas à t'accuser, et n'y vois pas non plus un manque de respect. Il n'y a pas de honte à être un peu porté sur la bouteille : l'alcoolisme est un énorme problème qui concerne des millions d'Américains. Nous connaissons tous un alcoolique, y compris parmi nos proches. Nombreux sont ceux qui finissent par revenir à une vie normale. Rien n'empêche un alcoolique de devenir président des États-Unis, d'ailleurs, c'est déjà arrivé. J'éprouve une profonde admiration pour ceux qui savent affronter cette pathologie. Tu nous as dit que tu ne supportes pas la boisson et que tu n'as pas touché à un verre d'alcool depuis l'âge de quarante ans. Félicitations.

---

4 Un comique qui anime un célèbre show télévisé [NdT].

Tu nous as aussi expliqué qu'il y eut une époque où « tu buvais trop », et que tu avais fini par réaliser que l'alcool « commençait à porter atteinte non seulement à ta vitalité physique, mais à l'affection que tu devais à tes proches ». Voilà qui définit très justement la situation d'un alcoolique. En soi, ça ne te disqualifie pas en tant que président, mais ça suppose que tu dissipes un certain nombre de doutes sur ton comportement. Surtout depuis qu'on sait que tu as passé plusieurs années à dissimuler le fait que tu avais été arrêté en 1976 pour conduite en état d'ivresse.

D'abord, pourquoi te refuses-tu à parler franchement d'*alcoolisme* en ce qui te concerne ? C'est pourtant le premier pas vers la guérison. Quelles mesures de prévention as-tu prises pour être certain d'éviter une rechute ? Président des États-Unis, c'est quand même sans doute le boulot le plus stressant du monde. Comment peux-tu être sûr de résister à la pression et à l'angoisse qui vont avec le fait d'être l'homme le plus puissant du monde ?

Qu'est-ce qui nous garantit qu'à la première crise grave tu ne vas pas retomber dans la même ornière ? C'est la première fois que tu fais un boulot aussi délicat. D'ailleurs, que je sache, depuis vingt ans, c'est tout simplement la première fois que t'as un vrai boulot. Quand tu as commencé à t'assagir, ton papa t'a lancé dans le pétrole où tu as essuyé quelques échecs retentissants, après quoi il t'a fait cadeau d'une équipe de base-ball de première division. Ton boulot consistait à être assis dans un stade et à assister à des matchs interminables.

Quant au poste de gouverneur du Texas, on ne peut pas dire qu'il était trop stressant ; en fait, il n'y pas grand-chose à faire et c'est plutôt une fonction de représentation. Alors, face à une nouvelle menace contre la sécurité de la planète, qu'est-ce que tu serais censé faire ? Consulter une autorité supérieure ? Te réunir en conclave, et avec qui ? Je ne te demande pas de donner une réponse précise à chacune de ces questions, simplement de me promettre que tu as une réponse en tête.

Je sais que tout ça fait partie de ta vie privée, mais l'opinion a le droit de savoir. Bien sûr, il y a des gens qui disent : « Allez, fichez-lui la paix, ça date d'il y a vingt-quatre ans... » Je leur répondrai la chose suivante : j'ai été renversé par un chauffard ivre il y a vingt-huit ans de cela et, jusqu'à ce jour, je ne peux pas déplier complètement le bras droit. Je suis désolé, George, mais quand on conduit bourré sur l'autoroute, ce n'est plus du tout une question PRIVÉE. C'est aussi *mon* existence et celle de ma famille qui est en jeu.

Tes responsables de campagne ont essayé de limiter les dégâts en mentant à la presse sur la nature de ton arrestation pour conduite en état d'ivresse. Ils ont déclaré que les flics t'avaient cherché des noises parce que « tu conduisais trop lentement ». Mais le policier responsable de ton arrestation a déclaré que c'était parce que tu roulais carrément sur le bas-côté. Tu as toi-même contribué à ce mensonge en disant que tu n'avais pas été mis sous les verrous.

« Je n'ai pas mis les pieds dans une cellule », as-tu insisté. Mais le même policier a déclaré à un journaliste local qu'on t'avait passé les menottes, amené au commissariat et mis au trou pour au moins une heure et demie. Ça t'est vraiment complètement sorti de la tête ?

Ce n'est pas une banale petite contravention. J'ai du mal à croire que tes conseillers aient pu prétendre que ton arrestation ne présentait pas le même degré de gravité que les escapades extraconjugales de Clinton. Qu'un homme marié mente sur ses relations sexuelles consensuelles avec une personne adulte autre que sa légitime épouse, c'est condamnable, mais c'est INCOMPARABLE avec le fait de prendre le volant en état d'ivresse et de mettre ainsi en danger l'existence d'autrui (et dans cet « autrui », mon cher George, il faut inclure *ta propre sœur* qui était assise à tes côtés cette nuit-là).

Et, contrairement à ce que prétendent tes défenseurs, c'est aussi incomparablement plus grave que le fait qu'Al Gore ait avoué avoir fumé de la marijuana quand il était jeune. À moins qu'il ait conduit un véhicule sous l'effet de cette drogue, il ne mettait ainsi en danger que sa propre personne – sans compter qu'il n'a nullement essayé de le cacher.

Tu as essayé de minimiser les faits en déclarant qu'il s'agissait d'une « erreur de jeunesse. » Mais de quelle jeunesse parles-tu ? N'oublie pas que tu avais alors *plus de trente ans.*

Le soir où le pays tout entier a enfin connu la vérité sur cet incident, quelques jours avant le scrutin, tu faisais vraiment peine à voir. Tu t'es efforcé de faire le malin en attribuant ton comportement « irresponsable » à la classique « inconséquence juvénile » d'une bande de copains qui boivent quelques bières de trop (petit sourire satisfait). J'ai vraiment eu mal au cœur pour tous les proches des *cinq cent mille* victimes d'accident de la route qui ont été tués par des chauffards ivres de ton espèce depuis ce « léger incident » il y a vingt-quatre ans. Dieu merci, tu n'as continué à boire *que pendant quelques années* après avoir « reçu cette bonne leçon. » Je pense aussi à ce qu'a pu souffrir ton épouse Laura. Elle est bien placée pour savoir à quel point n'importe qui peut devenir un véritable danger public une fois installé au volant. À l'âge de dix-sept ans, elle a provoqué le décès d'une de ses camarades de lycée dans une collision après avoir brûlé un stop. J'espère qu'elle pourra t'apporter un soutien moral si jamais la pression de l'exercice du pouvoir se révèle trop forte. (En tout cas, ne cherche surtout pas un appui auprès de Dick Cheney : ça fait plus de vingt-cinq ans que son casier judiciaire arbore deux magnifiques arrestations pour conduite en état d'ivresse !)

Pour finir, je dois t'avouer à quel point j'ai été troublé de voir que tu invoquais le souci du bien-être de tes deux filles pour justifier la dissimulation de ce délit. D'après toi, si elles avaient eu connaissance de ton vice de jeunesse, cela aurait pu constituer un mauvais exemple pour elles. Je constate que cette discrétion a été fort efficace, vu que les deux jumelles Bush ont été arrêtées plusieurs fois cette année pour possession d'alcool. D'une certaine façon, je dois dire que j'admire leur rébellion. Elles t'ont demandé, elles t'ont même supplié de ne pas te présenter : « Papa, si tu deviens président, notre vie est foutue ! » Tu t'es présenté. Leur vie est foutue. Les adolescents ne pardonnent pas ce genre de trahison.

C'est peut-être le nouveau présentateur du programme *Saturday Night Live* qui a le mieux résumé la situation : « George Bush a déclaré qu'il avait dissimulé son arrestation pour conduite en état d'ivresse pour protéger ses filles : qu'auraient-elles pensé de lui ? Sans doute préférait-il qu'elles pensent simplement qu'il est ce qu'on savait déjà, un raté des affaires qui se consacre désormais à appliquer la peine de mort. »

Alors suis mes conseils, tu as besoin d'aide. Inscris-toi aux Alcooliques anonymes. Emmène tes filles avec toi. Vous y serez reçus à bras ouverts.

3. Es-tu coupable d'un délit criminel ? En 1999, quand on t'a demandé si tu avais déjà consommé de la cocaïne, tu as répondu que tu ne t'étais rendu coupable d'« aucun délit criminel au cours des vingt-cinq dernières années ». Vu ton bilan en matière de réponses évasives au cours des huit dernières années, un observateur raisonnable peut légitimement soupçonner qu'il y a anguille sous roche.

Quels sont donc les crimes dont tu t'es rendu coupable avant 1974, George ?

Crois-moi, si je te pose cette question, ce n'est pas pour exiger un châtiment à ton encontre. Non, mon souci principal, c'est qu'au cas où tu aurais quelque chose de particulièrement inavouable à cacher, tu fournirais un énorme moyen de pression à quiconque viendrait à en prendre connaissance, qu'il s'agisse d'une puissance étrangère (la Chine, par exemple) ou d'un adversaire interne (le lobby du tabac, mettons). Si jamais ils découvrent les secrets de ton casier judiciaire, ils te tiennent et peuvent te faire chanter comme ils veulent. C'est une question de sécurité nationale.

Crois-moi, *quelqu'un* finira bien par découvrir ce que tu dissimules, et le jour où ça arrivera, on sera tous en danger. Ton devoir est de nous révéler la nature des délits, quels qu'ils soient, que ta réponse évasive nous laisse entendre que tu as commis. C'est seulement en misant sur la sincérité que tu pourras neutraliser toute tentative d'en faire une arme contre toi – ou contre nous.

Par ailleurs, tu as récemment décidé que tout formulaire de demande de bourse universitaire devait comporter la question suivante : « Avez-vous déjà été condamné pour toxicomanie ? » Si l'étudiant demandeur répond oui, on lui refuse la bourse, ce qui pour nombre d'entre eux signifie qu'ils ne pourront pas faire d'études supérieures. (Pour présenter les choses autrement, d'après le nouveau règlement que tu as édicté, un assassin peut avoir droit une bourse, mais pas un gosse qui s'est fait choper avec un petit joint.)

Tu crois pas que c'est un petit peu hypocrite de ta part ? Tu refuses l'accès aux études supérieures à des milliers de jeunes qui n'ont rien fait de pire que ce qu'on peut supposer, d'après tes propres propos, que tu as toi-même fait dans ta jeunesse. Sincèrement, tu ne manques pas de culot ! Vu que tu vas être payé 400 000 dollars par an aux frais du contribuable jusqu'en 2004, et sur la même cagnotte qui finance les bourses universitaires, il me semblerait légitime qu'on t'oblige à répondre à la même question : « Avez-vous déjà été condamné pour vente ou possession de stupéfiants (tabac et alcool non compris) ? »

En tout cas, ce qu'on sait, mon cher George, c'est que tu as déjà été arrêté *trois fois.* À part un copain militant pacifiste, je ne connais personne dans mon entourage qui ait été arrêté *trois fois* dans sa vie.

En dehors de tes frasques au volant, tu as également été arrêté avec des copains de fac pour le vol d'une guirlande de Noël. Qu'est-ce que c'est que cette histoire ?

Quant à ta troisième arrestation, elle est motivée pour « comportement perturbateur » lors d'un match de football américain. Alors là, j'avoue que je pige pas. *Tout le monde* a un comportement perturbateur lors d'un match de foot. J'ai assisté à je ne sais combien de matchs de foot et j'y ai été aspergé de bière des centaines de fois, mais je n'ai jamais vu personne se faire arrêter pour ça. Alors pour arriver à se faire remarquer dans une foule de supporters bourrés, il doit falloir vraiment faire très fort !

George, j'ai ma petite idée sur la source de tous ces malheurs.

Ton problème, c'est que tu n'as pas gagné la présidence, tu en as hérité, et c'est la même chose avec tout ce que tu as fait dans la vie. La fortune et le nom de ton père t'ont ouvert toutes les portes. Sans avoir jamais à faire le moindre effort ou à manifester la moindre preuve d'intelligence ou de talent, tu as eu tous les privilèges en héritage.

Dès ton plus jeune âge, tu as appris qu'aux États-Unis quelqu'un comme toi a tous les droits. Tu as été admis dans un des pensionnats les plus exclusifs de Nouvelle-Angleterre simplement parce que tu t'appelles Bush. Pas besoin de te battre pour y accéder. Ton ticket était payé d'avance.

Quand tu es entré à Yale, tu es passé devant des étudiants plus méritants qui avaient travaillé dur pendant douze ans pour être accepté en fac. Mais toi, on t'a accepté parce que tu t'appelles Bush.

Même chose pour ton admission à Harvard. Après t'être tourné les pouces pendant quatre ans à Yale, tu as pris la place de quelqu'un qui avait plus de mérite que toi.

Après ça, tu as prétendu que tu souhaitais faire ton service dans la Garde nationale du Texas. Sauf qu'un beau jour, d'après le *Boston Globe*, tu as tout simplement disparu sans en aviser tes supérieurs – *pendant un an et demi* ! En fait, tu n'étais pas tenu d'accomplir tes obligations militaires, puisque tu t'appelles Bush.

Au bout de quelques années « perdues » qui ont disparu de ta biographie officielle, ton papa et d'autres membres de ta famille t'ont dégoté toute une série de petits boulots. Peu importe le nombre de tes faillites et de tes échecs professionnels, il y a toujours une place au chaud qui t'attend.

Pour finir, tu as été nommé à la tête d'une équipe de baseball de première division – un autre cadeau de papa –, bien que tu n'aies avancé qu'un centième des fonds requis. Et en plus, tu as roulé dans la farine les contribuables d'Arlington, Texas, en les convainquant de te faire un autre cadeau : un stade flambant neuf de plusieurs millions de dollars pour lequel tu n'as pas eu à dépenser un centime de ta poche.

Alors pas de quoi s'étonner que tu aies été convaincu de ton destin présidentiel. Tu n'as rien fait pour le mériter, donc tu devais finir président !

Et tu ne vois pas du tout ce qu'on pourrait te reprocher. Normal, vu que c'est la seule existence que tu connaisses.

Le soir des élections, alors que les résultats nationaux changeaient de sens d'une minute à l'autre, tu as déclaré à la presse que ton frère t'avait garanti que le vote de Floride serait en ta faveur. Puisque c'est un Bush qui le dit, pas vrai ?

Sauf que les choses ne sont pas si simples. Et quand tu t'es rendu compte que la présidence se conquiert grâce au suffrage populaire – tu sais ? les voix du peuple –, tu as complètement pété les plombs. T'as envoyé au charbon ton homme de main James Baker (celui qui, en 1992, expliquait à ton paternel : « Que les Juifs aillent se faire foutre, de toute façon ils votent pas pour nous »). Il a fait son boulot : raconter des mensonges au peuple américain et essayer de semer la panique. Ça n'a pas vraiment marché, alors tu es allé devant un tribunal fédéral et tu as engagé des poursuites pour faire arrêter le décompte des voix, vu que tu savais très bien quel serait le résultat.

Ce qui me scie, c'est que tu n'as pas hésité à chercher de l'aide du côté de ce grand méchant loup, l'État fédéral. Pendant toute ta campagne, ton slogan favori c'était « Mon adversaire a confiance en l'État. *Eh bien moi, j'ai confiance en vous, le peuple !* »

On a vu la suite. Confiance dans le peuple, mon œil. Tu t'es précipité auprès des tribunaux fédéraux pour qu'ils te tirent de ce mauvais pas (faites confiance aux machines à voter, pas au peuple !). Au début, les juges de Floride ont refusé de marcher dans ta combine – et c'est peut-être la première fois dans ta vie que quelqu'un t'a dit non.

Mais, heureusement, les potes de Papa à la Cour suprême étaient là pour te sauver la mise.

Bref : ivrogne, voleur, possible criminel, déserteur et fils à papa pleurnichard. Tu pourras dire que je suis impitoyable, mais qui aime bien châtie bien.

Pour l'amour de toutes les valeurs les plus sacrées de ce pays, Seigneur Dieu, mon pauvre George, donne ta démission sur-le-champ et sauve l'honneur de ton éminent patronyme ! Aie une pensée charitable pour ceux d'entre nous qui savent qu'il reste un minimum de décence dans ta famille, et je t'assure que les louanges à ton égard voleront de Bush à oreille.

Amitiés

Michael Moore

2

Ça s'appelle le C-A-P-I-T-A-L-I-S-M-E !

J'étais assis dans l'aéroport du Michigan dans l'attente d'embarquer sur un vol d'American Airlines pour Chicago. Un homme en uniforme, assis à côté de moi, engagea la conversation.

J'appris alors qu'il était justement pilote d'American Airlines, ou plus exactement d'American Eagle, la filiale d'American Airlines pour les vols de courte distance. Comme toutes les compagnies du même type, elle utilise des jets pour les vols de moins de deux heures. Je suppose que ça permet à la maison mère de faire pas mal d'économies.

L'homme avec qui je parlais n'était pas chargé de piloter l'avion que j'allais prendre. Il espérait simplement trouver une place libre pour cette traversée aérienne du lac Michigan. Je l'interrogeai :

« – Et vous payez votre billet quand il s'agit d'un voyage d'intérêt privé ?

– Non, me répondit-il, c'est une des rares avantages que nous avons. »

Sur quoi il me révéla le montant du salaire d'un pilote débutant chez American Eagle : 16 800 dollars par an.

« Quoi, m'écriai-je, convaincu que j'avais mal entendu, seize mille et des poussières *par an* ?

– Exact, et c'est un bon salaire. Chez Delta, on paie les pilotes 15 000 dollars par an. Chez Continental Express, autour de 13 000 dollars.

– *Treize mille* ? Pour le capitaine d'un avion de ligne ? Vous rigolez.

– Pas du tout. Et c'est de pire en pire. La première année, vous devez payer vous-même vos heures d'entraînement et votre uniforme. Ça vous laisse en fait environ 9 000 dollars. »

Il fit une pause pour me laisser digérer ses propos. Puis il ajouta : « *Brut.* »

« J'en crois pas mes oreilles. » Ma voix était montée de plusieurs tons et les autres passagers commençaient à écouter notre conversation.

« Croyez-moi, me dit-il. Le mois dernier, un de nos pilotes a dû se présenter à l'assistance sociale et demander des coupons alimentaires. Avec quatre enfants et son niveau de salaire, il a droit à une aide sociale. L'administration d'American Airlines a eu vent de son cas et a envoyé une circulaire déclarant qu'aucun de ses pilotes ne devait demander une aide sociale – même s'ils y avaient légalement droit ! Quiconque ferait une démarche dans ce sens serait licencié. Alors maintenant ce collègue s'adresse au resto du cœur de son quartier. Ils n'exigent aucune démarche administrative qui risquerait de remonter jusqu'à American Airlines. »

Je croyais être revenu de tout, mais cette histoire avait de quoi traumatiser les plus blasés. Pas question d'embarquer sur cet avion, pensai-je. Nous autres, les humains, avons conservé un certain nombre d'instincts animaux fondamentaux, et l'un d'entre eux, qui remonte sans doute à nos ancêtres cavernicoles, s'appuie sur le principe suivant : *Ne jamais emprunter un moyen de transport aérien piloté par quelqu'un qui gagne moins qu'un ado serveur chez Taco Bell.*

J'ai quand même fini par prendre cet avion, mais seulement après m'être convaincu que le pauvre gars m'avait bourré le mou. Sinon, comment aurais-je pu justifier à mes propres yeux une telle prise de risque ? Mais, la semaine suivante, après quelques coups de téléphone et une petite investigation, j'ai dû constater avec horreur que les chiffres avancés par l'ami pilote étaient *authentiques.* S'il est vrai que les pilotes ayant le plus d'ancienneté pouvaient gagner jusqu'à 40 000 dollars par an, les petits nouveaux vivaient souvent en dessous du seuil de pauvreté.

Je ne sais pas ce que vous en pensez, mais en ce qui me concerne, je préfère que les individus qui me permettent de défier une des plus puissantes lois de la nature – la force de la gravité – soient satisfaits de leur sort, confiants en eux-mêmes et bien payés. Sur les grandes lignes, par exemple, les hôtesses et les stewards – une autre catégorie de personnel dont la qualité de la formation peut un jour contribuer à sauver votre vie – commencent leur carrière avec un salaire de 15 000 à 17 000 dollars. Quand je me balade à dix mille kilomètres d'altitude, je n'ai pas vraiment envie que le pilote ou les autres membres de l'équipage aient l'esprit obnubilé par la question de savoir comment ils vont payer le gaz ou l'électricité une fois rentrés chez eux ou de combien de hamburgers ils vont devoir se priver pour pouvoir payer le loyer. Quant aux passagers, je leur ferai la recommandation suivante : soyez sympas avec les pauvres gens qui dépendent de l'aide sociale, c'est peut-être eux qui vous piloteront lors de votre prochain vol pour Buffalo.

Pendant tout le premier semestre 2001, les pilotes de la compagnie Delta Connection ont été en grève. Dans leur voracité insatiable, ces salauds de syndicalistes exigeaient 20 000 dollars pour un pilote en début de carrière. Mais Delta opposait une fin de non-recevoir, et c'est comme ça que la grève a traîné pendant des mois. On pourrait penser qu'avec une économie en pleine expansion – en particulier pour les secteurs aisés de la population, qui sont aussi ceux qui fréquentent le plus les avions de ligne – il n'était pas très difficile d'accorder aux pilotes une rémunération qui leur permette de consommer autre chose que de la bouffe pour chien. (Autrefois, quand montais à bord d'un avion, j'avais l'habitude de pratiquer le « test du reniflage » pour savoir si les pilotes avaient bu ; désormais, j'essaierai subrepticement de voir s'il n'y a pas des boîtes de Kitekat ou de Ronron qui traînent dans le cockpit.) Après avoir mendié quelques miettes du festin des profits, les pilotes de Delta ont finalement obtenu leurs 20 000 dollars par an.

Ces pilotes – comme le reste des salariés américains – ne cessent de s'entendre dire que l'économie bat de l'aile, qu'on est en pleine récession, que les profits déclinent, que la Bourse plonge et que M. Greenspan a beau baisser les taux d'intérêt, tout va de mal en pis.

Et les chiffres semblent bien appuyer ces dires. Chaque semaine, on compte environ 403 000 nouveaux chômeurs aux États-Unis. Des centaines d'entreprises annoncent des licenciements massifs. Des milliers de start-ups et d'entreprises.com hypersophistiquées ont fait long feu. Les ventes d'automobiles sont au plus bas. Les fêtes de fin d'année ont été désastreuses pour le commerce. De Silicon Alley à Silicon Valley, tout le monde se serre la ceinture.

Et les citoyens avalent docilement toutes ces sornettes.

Eh bien, figurez-vous qu'il n'y a pas plus de récession que de beurre en branche. Pas de crise, pas de dépression, tout va très bien, madame la marquise. Les riches se vautrent dans la montagne de billets verts qu'ils ont accumulés sur votre dos pendant les vingt dernières années, et ils ne veulent surtout pas que vous veniez y fourrer votre nez et demander votre part.

Les plus fortunés font tout ce qu'ils peuvent pour vous convaincre de ne pas réclamer votre dû en prétextant que, tout d'un coup, c'est la crise, c'est la débâcle ! Tous les soirs, par la voix des médias qui leur appartiennent, on vous martèle que tout va mal, on vous fait pleurer avec l'histoire de la dernière start up qui a fait faillite, du dernier fonds de pension qui a tout perdu, de l'investisseur du Nasdaq qui n'a plus que sa chemise sur le dos. Aujourd'hui, le Dow Jones a perdu plus de 300 points. La firme Lucent Technologies a annoncé quinze mille nouveaux licenciements, United et US Airways ont renoncé à fusionner, General Motors se débarrasse d'Oldsmobile et même votre brave petit plan de retraite est en péril. Il y a de quoi flipper, non ?

Alors bien sûr, tout ça, c'est vrai. Ils iraient quand même pas vous raconter des mensonges. En tout cas, pas sur ces petites histoires qui servent à manipuler vos angoisses.

Le mensonge se situe à un autre niveau. Dans l'idée que tout va mal au niveau de l'économie mondiale. Évidemment, sous un certain aspect, ça a l'air plausible. Si vous faites partie des classes moyennes ou des couches populaires, vous avez toutes les raisons d'être inquiets. Pourquoi ? Parce qu'au sommet de la pyramide ils ont encore plus les jetons que vous. Ils paniquent complètement à l'idée que vous ayez envie de vous inviter à leur fête. Ils ont la trouille que vous leur disiez : « OK, vous avez votre yacht, votre villa dans le sud de la France, mais moi, à quoi j'ai droit ? J'aimerais bien avoir une petite rallonge pour remplacer la porte de mon garage. » La seule chose qui dépasse leur appréhension, c'est leur stupéfaction de constater qu'aucun d'entre vous n'a exigé une augmentation, des congés payés, le remboursement partiel d'une visite chez le dentiste, ni la moindre miette de la surabondance de richesse qui a été engendrée au cours des dix dernières années. À croire que vous êtes vraiment satisfaits de passer quatre soirées par semaine à regarder le programme « Qui veut gagner des millions ? » sans jamais oser répondre « MOI » ! Les nababs s'attendraient plutôt à vous voir mendier.

Eh oui, ces types-là savent bien qu'un jour vous allez réclamer votre part, c'est inévitable. Et comme il est absolument hors de question de vous l'accorder, ils ont le doigt sur la gâchette et ils ont décidé de lancer une frappe préventive dans l'espoir qu'il ne vous vienne même pas à l'idée de lorgner sur leur magot.

C'est pour ça qu'on vous licencie, ou qu'on vous raconte des histoires à faire peur. C'est pour ça qu'il n'y a plus de café gratuit dans leurs bureaux, pas du tout parce qu'ils n'ont plus les moyens de vous offrir le café, mais parce qu'ils veulent vous mettre sous pression. Ils veulent que soyez dans un état constant de stress et de parano. FAIS GAFFE, T'ES PEUT-ÊTRE LE PROCHAIN SUR LA LISTE ! Oublie le Maxwell qualité filtre, essaie plutôt de sauver ta peau ! Ah, ils doivent bien se marrer, les patrons, derrière leurs bureaux.

Et d'où est-ce que je sors tout ça, me direz-vous ? Eh ben, figurez-vous que je les connais un peu, vu que je les croise sur mon trottoir. J'habite à Manhattan, une bande de terre d'à peine cinq kilomètres de large qui abrite une bonne partie des élites capitalistes des États-Unis. Nombre de vos souffrances quotidiennes trouvent leur source dans ce paradis immobilier niché entre deux fleuves pollués. Ceux qui décident de votre existence vivent dans mon quartier. Je les croise tous les matins dans la rue. Je connais leurs enfants, chaperonnés par leurs nounous haïtiennes, et je les vois passer, complètement aveugles aux hommes invisibles qui nettoient les rainures de leurs dalles de marbre. Ils ne disent pas un mot et semblent toujours être éminemment pressés. Pressés de mettre en lambeaux votre couverture sociale ou de passer votre poste de travail à la moulinette. Bien peignés, en pleine forme, ils sont prêts à la curée, et vous pourriez bien être leur prochaine victime.

Je connais leurs conversations : les affaires qui marchent à merveille, la nouvelle villa dans les collines du Berkshire, leur dernier voyage à l'île de Pâques. Ils pataugent dans la félicité.

Quand je me suis installé à New York, mon immeuble était habité par des artistes, des auteurs dramatiques et la moitié du plateau de *Saturday Night Live*. Il y avait des joueurs de hockey appartenant à l'équipe des Rangers, un vétéran de la National Football League, un cadreur, quelques profs de fac et quelques retraités. Aujourd'hui, les seuls qui restent sont votre serviteur, un dernier membre des Rangers et un pote à moi un peu cinglé, Barry, qui fait aussi du cinéma. Tous les autres sont des nouveaux qui sont soit assez riches pour vivre dans l'oisiveté, soit occupés à accumuler les énormes profits que leur rapportent les immeubles qu'ils possèdent dans des quartiers pauvres, soit capables de vivre de leurs rentes financières, soit pourvus d'un bon boulot à Wall Street, sans compter les étrangers qui sont à New York pour surveiller leurs investissements. Ils bouffent des stock-options tous les matins au petit déjeuner et, croyez-moi, ils ont pas l'intention d'en perdre une miette.

Si vous ne voulez pas me croire, laissez-moi vous présenter quelques statistiques absolument objectives et impartiales sur la prospérité incroyable qui règne au sommet de la pyramide sociale :

- ✗ Depuis 1979, les 1 % d'Américains les plus riches ont vu leur revenu augmenter de 157 % ; quant à ceux d'entre vous qui appartiennent aux 20 % les plus pauvres, vous gagnez 100 dollars de moins par an (compte tenu de l'inflation) qu'au début du premier mandat de Ronald Reagan.
- ✗ Les deux cents entreprises les plus riches du monde ont vu leurs profits augmenter de 362,4 % depuis 1983 ; leur chiffre d'affaires équivaut désormais au PIB de presque tous les pays du monde. Depuis leurs récentes fusions, les quatre premières compagnies pétrolières américaines ont vu leurs profits augmenter de 146 % – et ce pendant ce qu'on appelé la « crise de l'énergie ».
- ✗ Au cours de la dernière année pour laquelle des statistiques sont disponibles, 44 des 82 plus grosses entreprises améri-

caines ne payaient pas les 35 % d'impôts normalement exigibles. De fait, 17 % d'entre elles étaient ENTIÈREMENT exonérées d'impôts, et sept d'entre elles, dont General Motors, savaient si bien jongler avec la législation fiscale à coups de prétendus frais de gestion et de crédits d'impôt que c'est l'État qui *leur* devait des millions de dollars !

✗ Parmi ces heureux exonérés, on compte également 1 279 autres entreprises pesant chacune plus de 250 millions de dollars. Leur feuille d'impôt annonce « zéro revenu » pour l'année 1995 (la dernière pour laquelle nous disposons de statistiques).

Ce type d'escroquerie est si fréquent que je pourrais être accusé d'incitation à troubler l'ordre public rien que pour en avoir fait la liste. Mais qui s'en soucie ? Quand Mercedes, qui n'a cessé de violer la réglementation américaine sur les économies d'énergie et la pollution, a enfin dû payer une amende substantielle, ses dirigeants n'ont rien trouvé de mieux que d'essayer de déduire le montant de cette amende – 65 millions de dollars – de leurs impôts pour les années 1988 et 1989 en prétextant qu'il s'agissait de « frais courants de fonctionnement et de commercialisation ». Ce qui veut tout simplement dire que vous et moi aurions payé 65 millions de dollars de notre poche pour qu'une bande de richards puissent rouler au volant d'une grosse bagnole de luxe et nous ravager les poumons. Heureusement, le fisc était sur ses gardes et n'a pas laissé passer cette énormité.

Au début des années 1990, la compagnie pétrolière Halliburton a établi une filiale aux îles Caïmans. Le hic, c'est qu'il n'y a *pas* de pétrole aux Caïmans. Il n'y a pas non plus de raffineries ou de centres de distribution. Alors qu'est-ce que cette succursale d'Halliburton fabriquait dans les Caraïbes ? Le fisc s'en est inquiété. De 1996 à 1998, les autorités ont engagé quatorze enquêtes différentes contre des filiales d'Halliburton. L'une d'entre elle a réussi à établir que le géant du pétrole se servait de ces firmes bidon pour subtiliser 38 millions de dollars au fisc. La plupart des poursuites engagées ont abouti.

Mais il y a d'autres petits malins qui se plaisent à frauder le fisc. Une demi-douzaine de compagnies d'assurance américaines ont soi-disant établi leur « siège social » aux Bermudes. Citons entre autres des géants comme Chubb, Hartford, Kemper, Liberty Mutual, etc. Accenture, jadis connu sous le nom d'Andersen Consulting, vient juste de déménager aux Bermudes pour ne pas payer d'impôts. Bien entendu, c'est un déménagement qui existe purement sur le papier. Leurs bureaux sont présents à la vue de tous dans tous les États-Unis et leurs employés s'y rendent chaque jour pour travailler tout comme auparavant. Ce qui a déménagé, c'est le soi-disant « siège social ». Ça vous plairait pas, à vous, de vous réveiller un beau matin et de prétendre que vous avez déménagé aux îles Fidji, même si c'est toujours le paysage de Topeka que vous contemplez sous vos fenêtres ?

Le magazine *Forbes* estime que les déductions d'impôt accordées aux grandes entreprises américaines nous coûtent 10 milliards de dollars par an (ce qui se traduit soit par une charge fiscale plus lourde pour les simples citoyens, soit par moins de services publics). La prochaine fois que vous aurez des difficultés pour faire réparer votre chauffe-eau ou acheter un nouvel ordinateur, remerciez tous ces gros richards qui ne cessent de vous répéter que « l'économie est un peu fragile en ce moment ».

Et au lieu de faire la chasse à tout cet argent qui s'accumule à nos dépens, que fait le fisc ? Et bien, il s'en prend au petit contribuable. Eh oui. Il brandit le drapeau blanc : plus question de faire payer les riches. On va plutôt presser le citron aux gagne-petit. D'après les statistiques officielles, les contrôles fiscaux ont doublé pour les revenus inférieurs à 25 000 dollars par an, tandis qu'ils ont diminué de 25 % pour ceux qui gagnent plus de 100 000 dollars par an.

Concrètement, ça veut dire quoi ? Une baisse de 26 % du montant des recettes de l'impôt sur le capital, alors que le tout-venant des Américains a vu ses impôts augmenter d'au moins

13 %. Dans les années 1950, l'impôt sur le capital représentait 27 % des revenus du gouvernement fédéral ; de nos jours, ce pourcentage est tombé à moins de 10 %. Qu'est-ce qui comble la différence ? Vous, avec votre deuxième boulot.

Une des raisons qui font que vous êtes abreuvés de mauvaises nouvelles sur l'état de l'économie, c'est que nombre de ceux qui reçoivent des feuilles de licenciement font partie de l'entourage des porteurs de mauvaises nouvelles. Contrairement aux licenciements massifs des années 1980,-qui ne concernaient pas les individus sortis de bonnes universités et gagnant bien leur vie, l'hécatombe actuelle des emplois touche surtout les salariés du tertiaire et des professionnels hautement qualifiés. Et quand vous virez quelques centaines de milliers de ces gens-là, vous êtes sûr d'en entendre parler à la télé. Pourquoi ? Eh ben parce que… parce que… parce que C'EST PAS JUSTE, tiens ! C'est vrai quoi, ces super-pros ne méritent pas ça ! Ils ont joué le jeu, ils se sont sacrifiés corps et âme pour leur entreprise, ils ont même souvent sacrifié leur mariage. Ils ont assisté à tous les séminaires de fin de semaine, ils n'ont pas raté une session de remue-méninges nocturne, ni esquivé les cocktails de charité organisés par le P-DG ou ses amis. Et puis un beau jour… : « Bob, je te présente le conseiller d'orientation dont nous avons requis les services pour t'aider dans cette période de transition, dont nous souhaiterions qu'elle s'effectue pour toi dans les meilleures conditions possibles. Je te prie de me remettre les clés de ton bureau et de suivre ce monsieur qui porte un badge et un revolver, il va t'aider à recueillir tes effets personnels et t'accompagner jusqu'à la sortie. Tu as environ un quart d'heure pour faire tes adieux. »

Il n'y a pas de récession. Est-il exact que les profits des entreprises ont diminué ? Tout à fait. Comment pourrait-il en être autrement ? Pendant les années 1990, ils avaient atteint un niveau complètement surréaliste, c'était une véritable manne céleste, absolument hors de la normale. Comparez les chiffres des autres années avec ceux de cet âge d'or, c'est comparer l'incomparable. L'autre jour, je lisais un gros titre qui annonçait que les profits de General Motors avaient chuté de 73 % cette année. Ça fait mauvais effet – sauf que l'année précédente s'était caractérisée par une véritable orgie de profits. Malgré ces 73 % de bénéfices en moins, General Motors a tout de même empoché 800 millions de dollars pendant le premier semestre de l'année 2001.

Et les start-ups, n'est-il pas vrai qu'elles tombent comme des mouches ? Bien sûr que si, et alors ? C'est ce qui se passe avec n'importe quelle nouvelle révolution technologique : une foule d'entrepreneurs prend le train en marche dans l'espoir de faire rapidement fortune et, en fin de course, c'est seulement une poignée d'individus souvent médiocres mais sans scrupule qui réussit à survivre. Ça s'appelle le C-A-P-I-T-A-L-I-S-M-E. En 1919, vingt ans après l'invention de l'automobile, il y avait cent huit constructeurs d'automobiles aux États-Unis. Dix ans plus tard, ils n'étaient plus que quarante-quatre. Vers la fin des années 1950, on comptait cinq géants de l'automobile et aujourd'hui, on peut considérer qu'ils sont deux et demi. C'est comme ça que ça marche chez nous. Vous n'aimez pas notre système ? Eh ben vous n'avez qu'à déménager à… euh… en… euh… fichtre, où c'est qu'on pourrait bien déménager par les temps qui courent ?

Ah oui, bien sûr : aux Bermudes !

3

Mort aux visages pâles !

Je sais pas pourquoi, mais chaque fois que je croise un Blanc, ça me rend nerveux. Mon cœur commence à battre la chamade, et je me mets aussi tôt à chercher de quel côté je peux m'éclipser ou avec quoi je pourrais me défendre. Quel imbécile je suis de traîner dans ce quartier en pleine nuit ! J'aurais pourtant bien dû repérer tous ces groupes de Blancs aux allures louches qui traînent presque à chaque coin de rue en costard Armani en sirotant leur capuccino. Et voilà que ce sale Blanc s'approche de moi, il est de plus en plus près, et... *meeeerde* ! Ouf, il est passé sans me faire de mal, je l'ai échappé belle.

Non, vraiment, les Blancs me foutent les jetons. Je sais que vous pouvez trouver ça bizarre, vu que je suis blanc moi aussi, mais, justement, je sais de quoi je parle. Faut dire que, souvent, je me fais peur à moi-même, alors vous imaginez... En tout cas, je vous donne ma parole : si jamais vous vous retrouvez tout d'un coup entouré de Blancs, restez sur vos gardes. Ça peut *très très* mal finir.

Nous les Blancs, on nous a toujours dit que si on voulait être en sécurité, on n'avait qu'à rester entre nous. Depuis notre plus tendre enfance, on nous répète que le danger vient de ceux qui ne sont pas comme nous. C'est *forcément* un de ces bronzés qui finira un jour par nous couper la gorge !

Et pourtant, quand je pense à ce que m'a réservé l'existence jusqu'ici, je me rends compte d'un truc plutôt bizarre mais absolument indéniable. Tous les individus qui m'ont causé des problèmes jusqu'à présent – le patron qui m'a viré, le prof qui m'a recalé, le proviseur qui m'a sanctionné, le gosse qui m'a lancé une pierre en plein dans l'œil, celui qui m'a tiré dessus avec sa carabine à air comprimé, le directeur des programmes qui a supprimé *TV Nation*, le type qui m'a filé pendant trois ans, le comptable qui a prélevé deux fois mes impôts sur mon salaire, le chauffard ivre qui m'a écrasé, le cambrioleur qui m'a piqué ma chaîne hi-fi, le sous-traitant qui m'a plumé, la petite amie qui m'a plaqué, l'autre petite amie qui m'a plaqué encore plus vite, le pilote de l'avion dont j'étais passager et qui a réussi à se payer un camion sur la piste de décollage (sans doute qu'il n'avait rien dans l'estomac depuis plusieurs jours, le pauvre), l'autre pilote qui a décidé de traverser une tornade, le collègue de bureau qui faisait des chèques sur mon chéquier et a délesté mon compte en banque de la coquette somme de 16 000 dollars –, eh bien tous ces types étaient blancs ! Vous allez me dire : c'est juste une coïncidence. Je n'en crois rien.

Je n'ai jamais été agressé par un Noir, jamais été viré par un Noir, jamais vu un proprio noir confisquer ma caution, jamais eu un proprio noir, jamais eu rendez-vous avec un Noir à la tête d'un studio de Hollywood, jamais vu l'agence de production qui me représentait employer un Noir, jamais vu ma fille se faire refuser l'entrée dans la fac de son choix par un Noir, je me suis jamais fait dégueuler dessus par un ado noir dans un concert de heavy metal, jamais fait tabasser par un flic noir, jamais fait rouler par un vendeur de bagnoles véreux et noir ;

j'ai d'ailleurs jamais *vu* un vendeur de bagnoles noir, de même que je n'ai jamais vu un employé de banque noir me refuser un prêt, ni un producteur noir essayer d'enterrer un de mes films, et je n'ai jamais entendu un Noir déclarer : « Il va falloir virer dix mille personnes, mon vieux. À ta santé ! »

Et je ne crois pas être le seul Blanc à avoir vécu ces expériences. Tout au long de mon existence, il n'y a pas une insulte, pas une mesquinerie, pas une souffrance, qui ne m'ait été infligé par un individu de type européen.

Alors je me demande pourquoi au juste je devrais avoir peur des Noirs.

Si je contemple le monde qui m'entoure, bon, eh bien il faut avouer que ce ne sont pas vraiment les Afro-Américains qui ont fait de cette planète un endroit aussi craignos à habiter. Il n'y a pas longtemps, la première page de la section « sciences » du *New York Times* affichait le titre suivant : « Qui a construit la bombe H ? » L'article en question se référait à une polémique entre deux savants dont chacun prétendait s'attribuer exclusivement ce privilège. Pour ma part, je n'en avais strictement rien à cirer, vu que je connaissais parfaitement la seule réponse pertinente : « UN BLANC, TIENS ! » On a tout simplement jamais vu un Noir construire ou même utiliser un engin destiné à trucider des hordes d'êtres humains parfaitement innocents, que ça soit à Oklahoma City, au lycée de Columbine[1] ou à Hiroshima.

Non, le coupable, c'est toujours un Blanc. Faisons le compte, pour voir :

- ✗ Qui nous a légué la peste noire ? Un Blanc.
- ✗ Qui a inventé le DDT, le PVC, le diphényle polybromé (PBB) et tous ces produits chimiques qui nous détruisent à petit feu ? Des Blancs.
- ✗ Qui a déclenché toutes les guerres qu'ont livrées les États-Unis ? Des Blancs.

---

1 Théâtre d'un massacre perpétré par un adolescent en 1999 [NdT].

- ✗ Qui est responsable des programmes débiles de Fox Television ? Des Blancs.
- ✗ Qui a inventé les bulletins de vote absurdes qui ont fait gagner Bush ? Un Blanc.
- ✗ Qui c'est qu'a eu l'idée de contaminer la planète grâce à l'invention du moteur à explosion ? Les visages pâles.
- ✗ La Shoah, c'est la faute à qui ? Il faut dire que ce type a vraiment collé aux Blancs une sale réputation (c'est pour ça qu'on préfère dire que c'est un nazi ou parler de la culpabilité des Allemands).
- ✗ Le génocide des Indiens d'Amérique ? La faute aux Blancs.
- ✗ L'esclavage. Blancounet !
- ✗ Le fait qu'en 2001 les entreprises américaines ont licencié plus de 700 000 personnes ? Vise un peu la couleur du P-DG.
- ✗ Qui c'est qui essaie de virer mon site web de la toile ? Un sale connard de Blanc, et si jamais je lui mets la main dessus, je vous jure que je lui fais la peau !

Citez-moi n'importe quel problème, n'importe quelle catastrophe, n'importe quel fléau de l'humanité – la pauvreté abjecte qui afflige des millions de gens, par exemple – et je vous parie dix dollars que je trouve le coupable en moins de temps qu'il ne faut pour citer les noms des membres du boys' band N'Sync : un Blanc.

Et pourtant, quand j'allume la télé à l'heure des infos, chaque soir, qu'est-ce que je vois ? Des Noirs, rien que des Noirs, accusés de meurtre, de viol, d'agression, de coups et blessures, de tournante, de pillage, d'émeute, de trafic de drogues, de proxénétisme, d'injures sexistes, de faire trop de gosses, de balancer leurs gosses par la fenêtre des HLM, des Noirs sans foi ni loi, sans feu ni lieu, sans Dieu et sans un radis. « Le suspect serait un individu de type afro-américain... le suspect serait un individu de type afro-américain... LE SUSPECT SERAIT UN INDIVIDU DE TYPE AFRO-AMÉRICAIN... » Peu importe dans quelle ville je me trouve, c'est toujours la même histoire, le suspect est toujours un individu non identifié de type afro-américain. Ce soir, je suis à Atlanta, et je jurerais que le portrait-robot de l'individu de type afro-américain exhibé à la télé par la police locale est le même que celui de l'autre individu de type afro-américain que j'ai vu hier soir à la télé à Denver et celui de la veille à Los Angeles. Et sur tous les portraits-robots, il a le même regard menaçant et le même bonnet de laine ! À croire que c'est le même black qui commet tous les crimes recensés sur le territoire des États-Unis !

Le problème, c'est que les Américains sont tellement habitués à cette image de l'homme noir comme danger public qu'on peut parler d'un véritable lavage de cerveau aux conséquences particulièrement néfastes. Dans mon premier film, *Roger et moi*, il y a une scène où une femme blanche au chômage tue un lapin d'élevage d'un coup de matraque pour le vendre comme « comestible » plutôt que comme animal de compagnie. J'aurais aimé pouvoir toucher une pièce de cinq cents chaque fois qu'un spectateur est venu m'expliquer à quel point il avait été « choqué » et « traumatisé » par la scène de la mort du « pauvre petit lapin si mignon » au cours des dix dernières années. Tous me disent qu'ils en étaient physiquement malades. Certains préféraient même se couvrir les yeux ou quitter la salle, et nombreux étaient ceux qui m'ont demandé pourquoi je n'avais pas coupé cette scène au montage. En tout cas, elle a valu à *Roger et moi* d'être interdit aux moins de 13 ans par la Motion Picture Association of America (MPAA), incident qui a d'ailleurs amené l'émission *60 Minutes* à faire un reportage sur l'imbécillité dudit système de classification. Je reçois sans arrêt des lettres d'enseignants qui me disent qu'ils doivent couper la scène du lapin pour pouvoir projeter le film à leurs élèves sans risque.

Le problème, c'est qu'à peine deux minutes après que la dame au lapin a fait son office, on assiste à une autre scène où un Noir vêtu d'une cape de Superman et armé d'un pistolet jouet en plastique se fait tirer dessus par la police de Flint. Or, personne ne m'a *jamais* dit : « Quelle horreur ! Un Noir abattu par la police ! Comment pouvez-vous montrer une chose pareille à l'écran ? C'est répugnant, ça m'a empêché de dormir pendant des semaines. » Mais c'est vrai, quoi, c'était juste un Noir, pas un mignon petit lapin. Il n'y a rien de scandaleux à montrer un Noir se faire descendre au cinéma (en tout cas, pas pour la MPAA, qui n'a rien eu à reprocher à cette scène).

Pourquoi ? Parce que personne n'est choqué par le spectacle d'un Noir abattu à bout portant. Bien au contraire, c'est *normal*, c'est même naturel. Nous sommes tellement habitués à voir les Noirs se faire descendre, que ce soit au cinéma ou aux actualités télévisées, que nous en sommes venus à considérer qu'il s'agit d'un procédé parfaitement acceptable. *Y a pas de quoi s'affoler, c'est juste un black qui clamse !* C'est ça, la vie des Noirs, tuer et mourir. Allez, passe-moi le sel.

C'est quand même bizarre que, malgré le fait que la plupart des crimes sont commis par des Blancs, nous associons généralement l'idée de crime aux hommes afro-américains. Demandez à n'importe quel Blanc de vous faire le portrait-robot d'un agresseur potentiel et, s'il vous répond honnêtement, il avouera que c'est quelqu'un qui ne lui ressemble guère. Le criminel imaginaire qui hante leurs cauchemars a le visage sombre de Mookie, de Hakim ou de Kareem[2], pas celui du petit Jimmy avec ses sympathiques taches de rousseur.

Comment le cerveau peut-il produire une telle représentation alors que la réalité est tout autre ? Faut-il croire que le cortex des Blancs est construit de telle manière qu'ils sont amenés à croire le contraire de ce qu'ils voient ? Si c'est le cas, pourquoi tous les Blancs souffrent-ils de ce type de déficience mentale ? Si chaque fois que le soleil brille de tous ses rayons dans un ciel complètement dégagé votre cerveau vous indique de rester calfeutré chez vous parce qu'en réalité l'orage menace, il est

2 Prénoms typiquement afro-américains [NdT].

évident que vous avez besoin d'un soutien thérapeutique. N'est-ce pas la même chose avec les Blancs qui voient des croquemitaines noirs à tous les coins de rue ?

Et, bien entendu, inutile d'insister sur la plus grande dangerosité statistique des criminels blancs, le message ne passe pas. Et pourtant, chaque fois qu'on allume la télé pour apprendre la nouvelle d'un nouveau massacre dans un lycée, le coupable est un adolescent blanc. Chaque fois qu'on attrape un tueur en série, il s'agit d'un malade mental à la peau blanche. Chaque fois qu'un terroriste fait sauter un immeuble fédéral, ou qu'un cinglé fait avaler du Kool-Aid à quatre cents personnes, ou qu'un illuminé qui écrit des chansons pour les Beach Boys à ses moments perdus hypnotise une douzaine de nymphettes et les persuade de trucider « tous les sales porcs » qui vivent dans les résidences de luxe de Hollywood[3], vous pouvez être certain que c'est un membre de la race blanche qui fait des siennes.

Alors pourquoi n'avons-nous pas acquis le réflexe de prendre nos jambes à notre cou quand un Blanc se pointe à l'horizon ? Pourquoi les demandeurs d'emploi au teint de rose ne se heurtent-ils pas au sempiternel « Heu, je suis vraiment désolé, mais le poste n'est pas libre pour l'instant » ? Pourquoi ne flippons-nous pas comme des malades à l'idée que notre fille puisse épouser un Blanc ?

Et pourquoi les congressistes ne cherchent-ils pas à censurer les paroles scandaleusement agressives de tous ces chanteurs de country ou de rock blancs comme Johnny Cash (« J'ai tué un homme à Reno/juste pour le voir agoniser »), les Dixie Chicks (« Earl devait mourir ») ou Bruce Springsteen (« … J'ai massacré tout ce que je trouvais sur mon passage/Je ne regrette rien de ce que nous avons fait »). Pourquoi s'intéressent-ils seulement aux paroles de rap ? Pourquoi les médias ne disent-ils pas la vérité et ne reproduisent-ils pas des paroles comme celles qui suivent ?

---

3 Allusion au célèbre *serial killer* des années 1970 Charles Manson [NdT].

Je vendais de flacons d'amertume, mais désormais j'ai choisi les poèmes et les romans. WU-TANG CLAN

Utilisez votre cerveau pour réussir. ICE CUBE

Une pauvre mère célibataire au chômage... raconte-moi comment tu fais pour t'en sortir. TUPAC SHAKUR

J'essaie de changer de vie, je ne veux pas mourir dans le péché. MASTER P

Les Afro-Américains ont toujours occupé l'échelon inférieur de la hiérarchie économique et sociale depuis qu'ils ont été violemment arrachés à leur terre et transporté enchaînés en Amérique. Et ils ne sont *jamais* passés à l'échelon supérieur, jamais. Tous les autres groupes d'immigrants débarqués en Amérique ont pu se hisser peu à peu jusqu'aux positions moyennes et supérieures. Même chez les Amérindiens, qui sont parmi les plus pauvres des pauvres, il y a moins d'enfants vivant dans la misère que chez les Afro-Américains.

Sans doute êtes-vous convaincus que la situation globale des Noirs s'est améliorée dans ce pays. Vu tous les efforts que nous avons faits pour éliminer le racisme institutionnel, on pourrait penser que cela se serait traduit par une hausse du niveau de vie de nos compatriotes noirs. Une enquête publiée par le *Washington Post* en juillet 2001 montre que 40 % à 60 % des Blancs estiment que les Noirs jouissent en moyenne d'avantages sociaux équivalents à ceux des Blancs, voire de conditions plus favorables.

Grave erreur. D'après une enquête réalisée par les économistes Richard Vedder, Lowell Gallaway et David C. Clingaman, le revenu moyen des Noirs américains est inférieur de 61 % à celui des Blancs. Or, *ce niveau d'inégalité est le même que celui qui prévalait en 1880* ! Rien n'a changé en plus de cent vingt ans.

Vous voulez d'autres preuves ? Lisez ce qui suit :

- ✗ Près de 20 % des jeunes Noirs de sexe masculin âgés de seize à vingt-quatre ans ne sont ni scolarisés ni actifs, contre seulement 9 % des jeunes Blancs dans la même situation. Malgré le « boom économique » des années 1990, ce pourcentage n'a pas baissé substantiellement au cours des dix dernières années.

- ✗ En 1993, le montant des investissements boursiers et de l'épargne retraite des ménages blancs était trois fois plus important que celui des ménages noirs. Depuis lors, la valeur totale des titres côtés en Bourse a doublé.
- ✗ Les patients noirs victimes de crise cardiaque ont beaucoup moins de chance de bénéficier d'une thérapie potentiellement salvatrice comme la cathétérisation, quelle que soit la couleur de peau de leur médecin. Les médecins noirs et les médecins blancs réagissent de la même façon : ils prescrivent presque deux fois plus souvent cette thérapie pour leurs patients blancs que pour leurs patients noirs.
- ✗ Les Blancs victimes d'apoplexie ont cinq fois plus de chances de bénéficier d'un traitement d'urgence aux anticoagulants que les Noirs.
- ✗ Les femmes noires ont quatre fois plus de chances de mourir en couches que les femmes blanches.
- ✗ Le taux de chômage des Noirs est plus ou moins le double de celui des Blancs de façon constante depuis 1954.

À part moi et le révérend Farrakhan, y a-t-il quelqu'un que ça perturbe sérieusement ? À quoi les Afro-Américains doivent-ils ce traitement, vu qu'ils ne sont nullement responsables de l'essentiel des problèmes que connaît notre société ? Pourquoi doivent-ils payer pour les autres ? C'est vraiment quelque chose que j'arrive pas à piger.

Et nous, les Blancs, comment vous croyez qu'on va faire pour échapper au sort de Reginald Denny[4] ?

---

4 Le camionneur blanc qui fut éjecté de sa cabine et battu presque à mort par des Noirs pendant les émeutes de Los Angeles en 1992.

Quels naïfs, ces Aryens ! C'est vrai, dans le temps, on était un peu idiots. On affichait bêtement notre racisme à la vue de tous. On appliquait des mesures totalement dénuées de subtilité, comme mettre l'inscription RÉSERVÉ AUX BLANCS sur la porte des toilettes publiques, ou PERSONNES DE COULEUR sur un robinet d'eau potable. On obligeait les Noirs à occuper les derniers sièges des autobus. On les empêchait de fréquenter les mêmes écoles ou de vivre dans les mêmes quartiers que nous. On leur laissait les boulots les plus pourris (SEULEMENT POUR LES NOIRS, disait l'annonce d'emploi), et on ne leur cachait pas que les personnes de couleur étaient obligatoirement moins bien payées.

Il se trouve que cette forme de ségrégation ouverte et exagérée nous a créé tout un tas de problèmes. On a vu des hordes d'avocats prétentieux soumettre la question aux tribunaux et aller jusqu'à citer notre Constitution en faveur des Noirs ! Il paraît que le 14ᵉ amendement interdit que *quiconque* soit discriminé en raison de son origine raciale.

Finalement, au bout d'une longue série de jugements défavorables, de manifestations et d'émeutes, nous avons pigé : si on ne se montrait pas un peu plus malins, on allait devoir commencer à leur donner une plus grosse part du gâteau. La leçon méritait d'être entendue : pour que le racisme marche efficacement, mieux valait le dissimuler derrière un beau sourire !

C'est comme ça que les Blancs ont changé de tactique : ils ont effacé les inscriptions discriminatrices, ils ont arrêté de lyncher les Noirs qui osaient adresser la parole à une femme blanche dans la rue, ils ont fait voter tout un tas de lois de protection des droits civiques et ils ont cessé de parler de « sales négros » en public. On est même devenus assez magnanimes pour déclarer : « Pas de problèmes, vous pouvez habiter dans notre quartier, vous pouvez même inscrire vos enfants dans la même école. C'est vrai, pourquoi pas ? De toute façon, nous, on déménage. » On leur a fait un beau sourire, on les a félicités amicalement, et puis on a déguerpi vers les banlieues résidentielles. Et notre existence n'a pas changé d'un iota depuis qu'on a quitté le centre-ville. Quand nous sortons de chez nous le matin pour récupérer le journal sur le pas de notre porte, qu'est-ce que nous contemplons à notre droite ? Des Blancs. Et à notre gauche ? Encore des Blancs !

Sur leur lieu de travail, ce sont toujours les Blancs qui ont les meilleurs postes et un salaire deux fois plus élevé. Ils continuent à occuper les premières places, tandis que les Noirs sont toujours relégués au fond de l'autobus du bonheur et de la réussite. Qui c'est qui ramasse les miettes, qui c'est qui nous passe les plats, qui c'est qui trime derrière le comptoir ? Les Noirs, toujours les Noirs.

Pour donner le change, les entreprises organisent des « séminaires de sensibilisation à la différence » et emploient des consultants chargés des « relations urbaines » pour nous aider à « garder le contact avec notre environnement social ». Quand elles publient une annonce d'emploi, elles n'oublient pas de signaler joyeusement qu'elles pratiquent « une politique d'égalité des chances ». Ça fait du bien, et en plus ça offre une occasion de se marrer en douce, car on sait très bien qu'il n'est pas question de donner le boulot à un Noir. Seulement 4 % des Afro-Américains ont un diplôme de l'enseignement supérieur, contre 9 % des Blancs et 15 % des Américains d'origine asiatique. Le système est biaisé dès le départ, vu qu'il est inévitable que les écoles publiques les moins performantes soient réservées aux Noirs, ce qui leur ferme d'office la porte des meilleures facs et leur garantit un chemin tout tracé : nous servir le café, réparer nos BMW et ramasser nos ordures. Bien entendu, certains d'entre eux arrivent quand même à percer, mais ils paient ce privilège au prix fort : le médecin noir au volant de sa BMW qui se fait constamment harceler par les flics, la star noire de Broadway qui n'arrive pas à trouver un taxi à la sortie d'un spectacle au succès retentissant, l'opérateur en Bourse noir qui est le premier viré pour cause d'« ancienneté ».

Non, vraiment, les Blancs méritent le prix Nobel de l'hypocrisie. On n'entend plus parler que de promouvoir l'intégration sociale et de célébrer l'anniversaire de la naissance de Martin Luther King. Et pas question d'accepter les blagues racistes. Grâce à ce crétin de Mark Fuhrman[5], on a même inventé un nouvel euphémisme – « le mot qui commence par n » – pour éviter de se salir la bouche en parlant de « nègre ». Croyez-moi, vous n'arriverez pas à nous coincer : pas un d'entre nous ne se laissera prendre à prononcer ce mot en public, sauf si c'est pour reprendre en cœur les paroles d'un disque de rap. Il a bon dos le rap !

Nous n'oublions jamais de faire mention de « Machin, mon copain noir », nous cotisons au Fonds pour l'université noire, nous honorons respectueusement le mois de l'histoire afro-américaine et nous nous arrangeons pour avoir un Noir à la réception, afin de pouvoir dire : « Vous voyez, pas de discrimination chez nous ! On a même des employés noirs. »

Eh oui, on est vraiment des petits malins. Et en plus, ça a tout l'air de marcher !

Un autre truc qu'on sait faire à merveille, c'est piller la culture des Noirs. On la récupère, on la passe au mixeur et, hop !, nous en voilà propriétaires. Il n'y a qu'à voir ce qu'on fait Benny Goodman, Elvis Presley, Lenny Bruce, etc. À Detroit, Tamla Motown a réinventé le rythm and blues avant d'être appâté par les lumières de Los Angeles et passé à la blanchisseuse. Le rappeur blanc Eminem avoue lui-même tout ce qu'il doit à Doctor Dre. Les Backstreet Boys et les N'Sync ne sont que de pâles copies (c'est le cas de le dire) de Smokey Robinson and the Miracles, des Temptations et des Jackson Five.

5 Policier de Los Angeles impliqué dans l'enquête sur O. J. Simpson qui s'est rendu tristement célèbre pour ses pratiques et ses remarques racistes, dont l'usage du terme injurieux « nigger » [NdT].

Ce sont les Noirs qui créent, et c'est nous qui empochons les royalties. Qu'il s'agisse de comédie, de danse, de mode, de langage, nous adorons la façon dont les Noirs s'expriment, et nous adorons singer leur vocabulaire et leur attitude, c'est tellement cool. Bien entendu, il ne s'agit que d'une imitation à l'usage des branchés, pas question de se mettre vraiment dans leur peau, on veut pas se faire harceler par les flics à tous les coins de rue.

Depuis trente ans, les Afro-Américains dominent tous les sports professionnels à l'exception du hockey. C'est très généreux de notre part d'avoir abandonné tout ce dur travail d'entraînement et de compétition à ces jeunes gens noirs. En fait, c'est bien plus rigolo d'être vautré dans votre divan, en train de déguster des saloperies antidiététiques et de les voir courir après un ballon. Après tout, si vous avez besoin d'exercice, vous pouvez vous échauffer en appelant un programme sportif pour casser du sucre en direct sur tous ces athlètes « surpayés ». C'est vrai quoi, quand on pense qu'il y a des Noirs pour gagner des sommes pareilles, il y a de quoi flipper.

Et où trouve-t-on les autres personnes de couleur de nos jours – je veux dire ceux qui ne font pas du basket ou qui ne nous font pas passer les plats ? Moi qui travaille dans le cinéma et la télévision, je n'en vois pas beaucoup. Quand je quitte New York pour passer quelques jours à Los Angeles pour le boulot, que ce soit dans l'avion, à l'hôtel, lors de ma visite aux studios, à l'occasion d'un cocktail avec un producteur de Santa Monica ou d'un dîner avec des amis à West Hollywood, il peut se passer des journées entières sans que je croise un seul Afro-Américain, à l'exception du type à qui je verse un pourboire. Comment est-ce possible ? Pour passer le temps, il m'arrive de pratiquer un petit jeu qui consiste à calculer combien de temps peut passer avant que je repère un homme ou une femme noirs qui ne soient pas en uniforme de réceptionniste ou autre (le coup du Noir-employé-à-la-réception est également pratiqué à Los Angeles). Lors de mes trois derniers voyages à Los Angeles, je n'ai pas eu à bloquer le chronomètre : pas un seul Noir en vue à chaque fois. Vous vous rendez compte ? Je passe des journées entières dans la deuxième métropole des États-Unis sans y rencontrer jamais un seul Noir, rien que des Blancs, des Asiatiques et des Latinos. Vous ne trouvez pas ça incroyable ? En tout cas, ça témoigne de la force de notre adhésion à cette espèce d'apartheid. Vous imaginez un peu quelle énergie sociale il faut déployer pour arriver à éliminer tous les Noirs de mon horizon quotidien ? Vous pouvez m'expliquer comment font les Blancs de Los Angeles pour soustraire à ma vue le million de Noirs qui habitent leur ville ? C'est vraiment du pur génie !

Je sais, c'est facile de s'en prendre à Los Angeles. En fait, une expérience du genre pas-de-Noir-à-l'horizon, vous pouvez la faire un peu partout en Amérique. Et pas seulement dans le petit milieu du ciné et de la télé. Je serais fort surpris si on me disait que ce manuscrit est passé entre les mains d'un Noir (à part celles du coursier) entre sa livraison et sa publication.

J'aimerais bien pouvoir assister un jour à un match de basket-ball des New York Knickerbockers et avoir un Noir assis à côté de moi – ou du moins à une distance de vingt rangées dans n'importe quelle direction (si l'on excepte bien entendu la présence inévitable des joueurs et celle de Spike Lee parmi les spectateurs). Et j'aimerais bien un jour monter dans un avion et le trouver rempli exclusivement de passagers noirs au lieu d'une bande de crétins blancs geignards qui croient avoir tous les droits et exigent que je rentre ma bedaine pour qu'ils puissent étaler leur siège.

Attention, pas de malentendu : je ne fais pas partie de ces Blancs torturés par la haine de soi. En soi, ce n'est pas la couleur pâlichonne de la peau de mes semblables qui me fait frissonner d'horreur. Non, ce qui m'insupporte, c'est que mes congénères sont tellement retors qu'ils ont trouvé un moyen de transformer les Noirs en hommes blancs ! La première fois que j'ai entendu parler Clarence Thomas, le juge noir et ultra-réactionnaire de la Cour suprême, j'ai pensé : « Franchement, est-ce que les Blancs peuvent pas faire ça tous seuls ? » Mais, maintenant, vous ne pouvez pas allumer la télé sans tomber sur un Noir qui fait le sale boulot des Blancs. Je ne sais vraiment pas où ils vont dénicher ces énergumènes. On les voit déblatérer contre la discrimination positive, alors qu'en général c'est grâce à cette politique qu'ils ont pu eux-mêmes entrer en fac. Ils critiquent les mères célibataires, même si, justement, leur propre mère bénéficiait de l'aide sociale et s'est saignée aux quatre veines pour élever toute seule un fils ingrat qui les calomnie aujourd'hui. Ils dénoncent les homosexuels, alors que le SIDA a fait plus de ravages chez les gays afro-américains que dans n'importe quel autre groupe social. Ils méprisent Jesse Jackson, alors que ce dernier a passé des années à se faire arrêter et à risquer sa vie pour que ces hypocrites puissent déjeuner à leur guise dans n'importe quel restaurant, sans parler de leur possibilité de s'exprimer librement. Je ne dis pas que les Noirs américains doivent tous avoir les mêmes opinions politiques ; je suis simplement révulsé par les propos venimeux de certains de ces « conservateurs ».

C'est vraiment déprimant, et tous ces Oncle Tom ont quelque chose d'obscène. Combien on les paie pour ça ? Et quand la caméra s'éteint, est-ce que tous ces producteurs blancs, les Bill O'Reilly, les Chris Matthews, les Tucker Carlson, proposent à leurs poulains noirs de venir s'installer dans la maison à vendre juste à côté de chez eux ? Est-ce qu'ils disent à ces vendus : « Hé, figure-toi que ma sœur est célibataire comme toi, mon vieux. Ça te tente pas ? » Peut-être que oui, après tout. Peut-être qu'O'Reilly va m'inviter à fêter Kwanzaa[6] en décembre ?

Je me demande combien de temps nous allons encore vivre avec l'héritage de l'esclavage. Oui, vous m'avez bien entendu, j'ai dit ESCLAVAGE. Pas la peine de grommeler dans votre coin, les petits Blancs, c'est la même chose chaque fois que vous

6 Fête censément d'origine africaine promue par les nationalistes noirs comme alternative afro-américaine aux fêtes de Noël [NdT].

êtes confrontés au fait que notre pays souffre encore les conséquences d'un système d'oppression et d'exploitation approuvé et soutenu par l'État.

Désolé, mais si vous cherchez à identifier les racines de la plupart des problèmes sociaux qui nous affligent, vous serez bien obligés de remonter à ce lamentable chapitre de notre histoire. Les Afro-Américains n'ont jamais eu la même chance que nous de prendre leur départ dans l'existence sur un pied d'égalité. Leurs familles ont été obstinément détruites. Leur langage, leur culture, leur religion leur ont été confisqués. Leur misère a été institutionnalisée pour que nous ayons quelqu'un qui récolte notre coton, qui combatte dans nos guerres et qui garde l'épicerie ouverte toute la nuit. L'Amérique telle que nous la connaissons n'aurait jamais existé sans les millions d'esclaves qui ont contribué à construire sa prospérité – et sans leurs millions de descendants qui continuent à faire tout le sale boulot au profit des Blancs.

« Mike, écoute, pourquoi tu nous ressors l'esclavage ? Aucun Noir actuellement en vie n'a connu l'esclavage. Personnellement, je n'ai jamais réduit personne en esclavage. Pourquoi toujours tout ramener aux injustices d'une autre époque ? Est-ce que les Noirs ne sont pas responsables de leur sort actuel ? »

Ouais, sauf qu'on n'est pas en train de parler de la Rome antique, les gars. Si je prends l'exemple de mon grand-père, eh bien il est né seulement *trois ans* après la fin de la guerre de Sécession.

Eh oui, mon *grand-père*. Et mon grand-oncle, lui, il est né *avant* la guerre de Sécession. Et j'ai à peine passé quarante ans. Bon, c'est vrai, dans ma famille, on a tendance à se marier un peu tard et à avoir des enfants encore plus tard, mais il n'en reste pas moins que seulement deux générations me séparent du temps de l'esclavage. Alors ne me parlez pas d'une « époque lointaine ». Du point de vue de l'histoire de l'humanité, c'était hier. Tant que nous ne nous mettrons pas ça dans la tête et que nous ne voudrons pas admettre que nous avons la responsabilité de réparer cet acte immoral qui a encore des répercussions aujourd'hui, nous n'aurons pas effacé la tache la plus ignoble qui souille la mémoire de notre pays.

Dès le deuxième jour des émeutes de 1992 à Los Angeles, quand les troubles ont commencé à atteindre les quartiers blancs de Berverly Hills et de Hollywood, les Blancs ont adopté une stratégie de survie. Des milliers d'entre eux, qui habitent les collines au-dessus de la ville, ont pris la fuite. D'autres ont préféré rester sur place et sortir leurs armes. L'apocalypse raciale appréhendée par tant de gens semblait être au rendez-vous. À l'époque, je travaillais à New York dans un bureau de la Warner Brothers situé dans l'immeuble du Rockefeller Center. On nous fit tous passer la consigne d'évacuer l'immeuble à 13 heures et de rentrer chez nous. La grande crainte, c'était que les Noirs de New York soient frappés par le virus de l'émeute et ne mettent la ville à feu et à sang. À une heure de l'après-midi, je suis donc sorti de l'immeuble et j'ai pu assister à un spectacle que je n'aurai sans doute plus jamais l'occasion de contempler à nouveau (du moins je l'espère) : des dizaines de milliers de Blancs se précipitant pour attraper le prochain train ou le prochain bus direction grande banlieue. Ça avait l'air d'une scène de film d'horreur, une véritable marée d'êtres humains en proie à la panique collective et fuyant comme un seul homme pour échapper à la mort.

En moins d'une demi-heure, les rues étaient désertes. Pas un chat. C'était complètement flippant, presque surnaturel. New York en plein milieu de la semaine, à une heure de pointe, et voilà qu'on aurait pu se croire un dimanche à cinq heures du matin.

Je décidai de rentrer chez moi à pied. À vrai dire, la seule chose qui me tracassait vraiment, c'est que mon stylo n'avait plus d'encre, c'est pourquoi je m'arrêtai dans un bureau de tabac en face de chez moi. C'était une des rares commerces encore ouverts (la plupart avaient baissé leur rideau de fer). Je choisis deux stylos et une rame de papier et je me présentai à la caisse. Le propriétaire, un homme âgé, avait posé une batte de baseball sur le comptoir devant lui. Je lui demandai pourquoi.

« C'est au cas où », me dit-il en jetant un œil vers la rue pour voir ce qui se passait.

« Au cas où quoi ?, insistai-je.

« Au cas où *ils* décident de déclencher une émeute ici aussi. »

Évidemment, il ne faisait pas allusion à l'éventualité que les émeutiers de Los Angeles s'embarquent sur le premier avion à destination de New York pour venir y lancer leurs cocktails Molotov. Ce qu'il voulait dire – comme tous ces autres Blancs qui couraient désespérément après leur train de banlieue –, c'est qu'il savait parfaitement que le problème racial des États-Unis était loin d'être résolu et que chez tous les Noirs de ce pays couvait une rage contenue face aux incroyables inégalités qui les séparaient de leurs concitoyens blancs. La batte de base-ball sur le comptoir était l'expression – plus éloquente que des tonnes de discours – d'une terreur indicible mais élémentaire et partagée par tous les Blancs : la peur qu'un beau jour les Noirs se soulèvent et crient vengeance. Nous sommes tous assis sur un baril de poudre, et nous savons que nous avons intérêt à être vigilants pour le jour où les victimes de notre racisme et de notre avidité nous demanderont des comptes.

Bon, mais pourquoi attendre la catastrophe ? Faut-il vraiment que les choses en arrivent là ? Est-ce qu'il ne vaudrait pas mieux s'attaquer franchement au problème au lieu de devoir s'enfuir en courant pendant que votre maison brûle ? Personnellement, j'aimerais autant éviter ça.

C'est pourquoi j'ai rassemblé ci-dessous quelques conseils de survie qui devraient vous permettre de sauver vos fesses blanches. Tôt ou tard, vous le savez aussi bien que moi, des millions de Rodney King[7] viendront frapper à votre porte, et cette fois, c'est pas eux qui vont se faire tabasser.

---

7 Le jeune Noir sauvagement tabassé par des policiers blancs dont l'acquittement avait déclenché les émeutes de Los Angeles en 1992 [NdT].

Si vous ne prenez pas de sérieuses mesures pour affronter le problème racial qui hante ce pays, on va tous finir par devoir habiter dans des quartiers résidentiels fermés, bardés d'armes semi-automatiques et protégés par des polices privées. Vous trouvez ça drôle ?

Quelques conseils de survie pour l'Amérique blanche

1. N'embauchez que des Noirs. J'en ai ma claque d'embaucher des Blancs. Personnellement, je n'ai rien contre eux. Généralement, ce sont des gens fiables et travailleurs, et ceux que j'ai employés dans mes films et mes émissions de télé ont fait un super boulot.

Le problème, c'est qu'ils sont blancs.

Comment puis-je justifier ce que je viens d'écrire dans ce chapitre si je ne fais rien moi-même pour remédier au problème de la discrimination raciale ? Bien sûr, je pourrais imaginer des centaines d'excuses pour expliquer pourquoi il est si difficile de trouver des professionnels afro-américains dans l'audiovisuel – et toutes ces excuses seraient crédibles. Mais qu'est-ce que ça changerait ? En quoi ça m'absoudrait de toute responsabilité ? Franchement, je devrais organiser une manif de protestation devant ma propre porte !

En donnant du travail à des dizaines de Blancs – et c'était souvent leur premier travail dans cette branche –, je leur ai permis d'amorcer une carrière couronnée de succès dans des émissions comme *Politically Incorrect*, *Dharma and Greg*, le show de David Letterman, *The Daily Show with Jon Stewart*, et autres. Je peux aussi en citer au moins une douzaine qui ont lancé leur propre boîte de production indépendante. Un de mes anciens collaborateurs occupe un poste important à Comedy Central et deux autres écrivent des shows pour cette chaîne. Certains de nos monteurs travaillent à HBO, et l'un d'entre eux a travaillé sur la plupart des films de Ang Lee, le réalisateur de *Tigre et Dragon.*

Je suis très content pour eux tous, mais un doute me hante : que se serait-il passé si j'avais fait la même chose pour une centaine de scénaristes, monteurs, producteurs exécutifs et réalisateurs *noirs* pendant toutes ces années ? Qu'est-ce qu'ils feraient aujourd'hui ? Je suppose qu'ils mettraient leur talent au service de centaines de productions en tous genres, qu'ils feraient ainsi entendre leur voix, et que notre société n'en serait que meilleure.

Et puis, plus j'y réfléchis, plus je me rends compte qu'embaucher des Blancs engendre tout un tas de problèmes. En ce moment même, par exemple, le Blanc qui travaille dans le bureau voisin du mien est en train d'écouter un CD des Eagles. Il va falloir que je le vire. Et puis il y a les branleurs professionnels, qui se recrutent essentiellement parmi les fils à papa qui ont étudié dans les meilleures facs. Ce sont eux qui ont salopé notre moquette et rayé nos meubles, vu que leur code génétique comporte l'instruction suivante : « Il y aura toujours quelqu'un (un Noir ?) pour ramasser tes cochonneries à ta place. » L'autre jour, un de ces rejetons de bonne famille vient me voir et me dit qu'elle souhaiterait prendre son vendredi « pour aller aux Hamptons[8]. » Mais bien sûr, ma poulette, et d'ailleurs, en ce qui me concerne, tu peux même prendre le reste de ton existence.

Ouais, il va falloir tous les virer. À partir d'aujourd'hui, plus un visage pâle en vue.

Bon, je sais que je risque de voir débarquer des agents fédéraux, vu que je n'ai théoriquement pas le droit de discriminer à l'embauche une communauté ethnique tout entière. Je m'en fous, je les attends de pied ferme. Et qu'ils s'avisent pas de m'en-

8 Banlieues huppées de Long Island [NdT].

voyer un Blanc, parce que je l'envoie me chercher mes burgers ou je lui fais nettoyer les chiottes.

Donc, si vous êtes afro-américain et que vous souhaitez travailler dans la branche – ou que vous y travaillez déjà mais sans arriver à sortir de derrière ce foutu comptoir de réception –, je vous encourage à m'écrire et à m'envoyer votre CV.

Notre réceptionniste blanc sera ravi de pouvoir répondre à toutes vos questions.

2. Si vous dirigez une entreprise, payez bien vos salariés, mettez une garderie à leur disposition et veillez à ce qu'ils aient tous une assurance santé. Ce conseil de survie est destiné à ceux d'entre vous qui se considèrent comme des conservateurs et sont des fervents partisans du système capitaliste. Si être conservateur, c'est vouloir être le numéro un en toutes circonstances, j'ai une idée simple et radicale qui vous garantira des profits plus substantiels, une main-d'œuvre plus productive et zéro conflits sociaux.

Nos concitoyens noirs sont également largement les plus pauvres. Mais s'ils n'étaient pas là pour exécuter tous les travaux pénibles, la société blanche serait en panne. Vous voulez qu'ils travaillent encore plus dur ? Vous voulez qu'ils vous fassent gagner encore plus d'argent ?

Voilà ce que vous devez faire :

- ✗ Assurez-vous que le salaire que vous leur donnez leur permet d'être propriétaire de leur logement, de disposer d'un moyen de transport fiable, de se payer des vacances et d'envoyer leurs enfants à la fac.

  Comment gagner plus d'argent en payant de meilleurs salaires ?

  Ça marche comme suit. Plus vous payez vos salariés, plus ils dépensent. Rappelez-vous qu'ils ne sont pas seulement vos salariés, ils sont aussi vos consommateurs. Plus ils dépensent le montant de leurs augmentations en achetant vos produits, plus vos bénéfices augmentent. En outre, s'ils ont assez d'argent pour ne pas être constamment obsédés par la crainte de la faillite, ils sont plus concentrés sur leur travail et donc plus productifs. Moins de problèmes personnels, moins de stress, c'est moins de temps morts au boulot, et donc plus de profits pour vous. Payez-les suffisamment pour qu'ils puissent s'acheter un véhicule dernier modèle (à savoir une voiture qui roule), et ils n'arriveront pratiquement plus jamais en retard au travail. Et s'ils pensent pouvoir offrir une vie meilleure à leurs enfants, non seulement leur attitude sera plus positive, mais ils seront plein d'enthousiasme et se donneront à fond à leur travail puisqu'ils considéreront que la prospérité de l'entreprise est dans leur intérêt.

En revanche, si vous vous comportez comme la plupart des entreprises d'aujourd'hui – qui effectuent des licenciements massifs après avoir annoncé des profits record –, alors vous sapez complètement la confiance de la main-d'œuvre qui reste embauchée chez vous, et vos salariés travailleront dans une ambiance de paranoïa. D'où chute de la productivité. D'où baisse des ventes. D'où graves problème. Demandez à Firestone : d'après Ford, cette entreprise avait viré ses salariés syndiqués les plus chevronnés et fait entrer à leur place des jeunes sans aucune qualification qui ont fabriqué des milliers de pneus défectueux. Résultat des courses, après une hécatombe de clients accidentés (203 morts), Firestone est complètement dans la merde.

✗ Ouvrez une garderie pour les enfants de vos salariés âgés de deux à cinq ans.

J'entends déjà vos protestations vigoureuses : « Pas question d'accueillir ces petits morveux. C'est un lieu de travail, ici, pas une crèche ! » Je comprends bien. C'est que ces petits chenapans peuvent faire du grabuge, surtout quand vous êtes en train d'essayer de conclure un contrat juteux avec un banquier allemand et que la petite LaToya déboule à toute allure en tirant le petit Kasheem[9] par les cheveux comme un animal empaillé.

Sauf qu'il y a un problème encore plus substantiel à prendre en compte : si vos salariés passent leur temps à se faire un sang d'encre au sujet de leurs gosses, ils ne seront pas aussi productifs qu'ils pourraient l'être. Les parents mettront toujours leurs enfants avant leur travail. C'est humain. Et les parents célibataires ? Ils n'ont personne pour les aider. Quand une mère doit abandonner son poste de travail parce que la baby-sitter lui a téléphoné pour lui dire que son fils est malade, ou quand un père file comme un éclair à cinq heures pétantes parce que la crèche lui fait payer une amende s'il récupère sa progéniture avec cinq minutes de retard, ils n'ont pas le choix : pas question de faire du zèle.

Imaginez un peu que vos salariés n'aient plus besoin de se faire du mouron pour leurs gosses et qu'ils puissent se concentrer à 100 % sur l'objectif de vous faire gagner plus d'argent. Plus besoin de s'absenter parce que la baby-sitter est malade : des journées entières enfin exclusivement consacrées à augmenter votre magot.

Une garderie sur le lieu de travail ne coûte pas si cher que ça, et la plupart des parents seraient prêts à en partager le coût avec l'entreprise si ça leur enlevait des soucis inutiles. Imaginez un peu comme l'ambiance au travail serait plus détendue. Je suis sûr que vos salariés se défonceraient !

Et qui c'est qui verrait le pognon affluer ? VOUS !

✗ Fournissez une bonne assurance santé à tous vos travailleurs et ne leur mégotez pas les congés maladies.

Il faut vraiment que je vous fasse un dessin ? Calculez un peu les pertes de productivité qui s'accumulent chaque fois que

---

9 Prénoms typiquement afro-américains [NdT].

vos salariés viennent travailler malades parce qu'ils ne peuvent pas se payer une visite chez le médecin, ou qu'ils la repoussent jusqu'au dernier moment, à savoir celui où ils s'effondrent carrément. N'ayant pas le choix, ils trimbalent leur virus au boulot et contaminent tous leurs collègues. Il est nettement plus rentable de leur payer une bonne assurance pour qu'ils puissent être remis sur pied rapidement et redémarrer au quart de tour. Une main-d'œuvre en bonne santé, c'est une main-d'œuvre plus productive. Avec une bonne assurance, vous perdez un seul après-midi pour aller voir le médecin qui vous diagnostique rapido et vous prescrit le traitement *ad hoc*, et hop !, vous revoilà au boulot en *quarante-huit heures*, au lieu de traîner au lit sans traitement pendant une ou deux semaines en attendant que ça passe.
Et tout ça est absolument compatible avec votre intérêt financier le plus étroit, pas besoin de nourrir des sentiments philanthropiques ou d'avoir le cœur à gauche. Vous pouvez rester aussi réactionnaire et avide de profits que vous le souhaitez, personnellement, je m'en bats l'œil. Si cela signifie un mieux pour la vie de millions d'Afro-Américains qui travaillent dur pour un salaire de misère, avec des avantages sociaux quasi nuls et dans des conditions insalubres, je serai parfaitement satisfait.

3. N'achetez pas d'arme à feu. À quoi ça sert d'avoir une arme à feu chez soi ? Si c'est pour chasser, il suffit de garder votre fusil déchargé dans le grenier jusqu'au jour de l'ouverture de la chasse.

Si c'est pour vous protéger, laissez-moi vous donner quelques chiffres. Un membre de votre famille a 22 fois plus de chance de mourir d'un coup de feu si vous possédez une arme à feu chez vous que si vous n'en avez pas.

L'idée que la seule façon de protéger votre domicile est de posséder une arme à feu est un mythe. Seul un crime sur quatre est perpétré lorsque la victime est chez elle. Lors d'une effraction, l'intrus ou le cambrioleur ne se fait tirer dessus par le propriétaire que dans 2 % des cas. Dans 98 % des cas, c'est un membre de la famille ou le tireur lui-même qui est blessé ou tué par accident, quand ce n'est pas le voleur qui s'empare de son arme et lui tire dessus.

Ça n'empêche pas les Américains de posséder *deux cent cinquante millions* d'armes à feu à titre privé.

L'immense majorité des armes à feu qui circulent aux États-Unis sont achetées et possédées – et par conséquent introduites dans notre environnement – par des Blancs. Chaque année, on constate environ 500 000 vols d'armes à feu, généralement subtilisées aux mêmes propriétaires blancs habitant les banlieues résidentielles. Et la grande majorité de ces armes finissent dans les quartiers pauvres du centre-ville, où elles sont vendues bon marché ou échangées contre des biens et des services légaux ou illégaux.

Les armes des Blancs provoquent une quantité impressionnante de victimes chez les Noirs. Elles constituent la première cause de mortalité chez les jeunes Afro-Américains. Les hommes noirs âgés de quinze à vingt-quatre ans ont près de six fois plus de chances de mourir victimes d'un coup de feu que les jeunes Blancs du même âge.

Aucun Afro-Américain n'est propriétaire d'une usine d'armements. Il n'y a d'ailleurs pas d'établissement qui fabrique des armes dans les quartiers où vivent les Noirs. La plupart des Afro-Américains n'ont pas les moyens de se payer des Glock, des Beretta, des Luger, des Colt ou des Smith & Wesson qui coûtent plusieurs centaines, voire plusieurs milliers de dollars. On ne connaît pas non plus d'exemple de Noir possédant un avion privé et important par ce biais des armes automatiques en contrebande aux États-Unis.

Les seuls coupables de ces activités sont les Blancs. Mais, tôt ou tard, des milliers d'armes à feu mises légalement sur le marché finiront illégalement entre les mains d'individus désespérés qui vivent dans la misère et souvent dans un environnement extrêmement dangereux. Introduire des armes dans ce type de milieu social ultra-fragile – que les Blancs n'ont pratiquement rien fait pour améliorer –, c'est encourager l'hécatombe.

Alors si vous êtes blanc et que vous voulez contribuer à réduire le taux de mortalité chez les jeunes Noirs, voilà la solution : n'achetez pas d'armes à feu. Pas de pistolet dans votre bureau ou dans votre boîte à gants. Moins d'armes à feu en circulation, ça veut dire moins d'armes à feu volées et revendues dans le ghetto. Quelle que soit la ville où vous vivez, il y a des chances que les statistiques de la criminalité y aient très fortement baissé comme partout ailleurs. Alors relax, détendez-vous et profitez de la vie, surtout que vous êtes du bon côté de la barrière raciale. Et si vous êtes vraiment inquiet pour votre sécurité, achetez un chien. Les voyous n'ont généralement guère envie de se mesurer à un animal aboyeur aux dents pointues.

En tout cas, pas besoin d'armes à feu.

4. Ne jouez pas les progressistes « préoccupés » par le sort des Noirs. Je ne plaisante pas. Les Noirs ne sont pas dupes. Ils connaissent tous les trucs que nous employons pour faire croire que les choses ont progressé. Ils savent décrypter tous nos efforts pour ne pas avoir l'air racistes. Laissez tomber. Les choses n'ont pas tellement changé. Nous sommes encore bourrés de préjugés, et ils le savent.

Et d'abord, arrêtez de parler de vos « amis noirs ». Quels amis noirs ? Un ami, c'est quelqu'un qu'on invite régulièrement à dîner chez soi, avec lequel on part en vacances, avec lequel on fréquente la même paroisse, quelqu'un qui était là à votre mariage, quelqu'un que vous appelez fréquemment pour lui confier vos secrets les plus intimes. Un ami, quoi.

Mais vos « amis » noirs savent très bien que la chance que vous leur confiez votre marmot pour qu'ils le gardent *chez eux*, dans *leur* quartier, parce que vous partez en week-end, est à peu près aussi grande que celle de vous voir les inviter à partir en week-end avec eux.

Parfois, j'entends des gens de gauche dire des conneries du genre : « Il n'y a pas de Noir dans *Friends.* » Personnellement, je trouve ça très bien qu'il n'y ait pas de Noir dans *Friends*, parce que dans la vraie vie il n'y pas de Noir dans une bande de copains blancs comme ceux qu'on voit dans *Friends*, ce qui en fait une sitcom honnête et crédible.

Alors pas la peine de nous faire croire que Noirs et Blancs font tous partie de ce grand patchwork multiculturel qu'est devenue l'Amérique. Ils ont leur vie, nous avons la nôtre. Et c'est ça qui nous arrange, que ça nous convienne ou non de l'avouer. Ça ne serait d'ailleurs pas un mal en soi si ce monde parallèle était vraiment au même niveau social et financier que le nôtre. Nous pourrions alors nous mélanger à notre guise, sur un pied d'égalité, comme nous pouvons le faire avec d'autres Blancs si ça nous chante. Personnellement, par exemple, je n'ai pas une folle envie de fréquenter les membres des jeunesses du parti Républicain. Il n'y a pas de mal à ça, vu qu'ils se passent très bien de moi, et mon choix de ne pas les fréquenter n'affecte pas leur niveau de vie ni la qualité de leur existence. (En fait, il est même probable que ça augmente leur qualité de vie.)

Ne vaut-il pas mieux ne pas se bercer mutuellement de l'illusion que les Afro-Américains auraient enfin été complètement assimilés ? Ne vaut-il pas mieux dissiper les fausses espérances dont nous les avons nourris et cesser de perdre notre temps à nous raconter des histoires ? La prochaine fois que rencontrerez un de vos « amis noirs », au lieu de le baratiner sur le dernier disque de gangsta rap, pourquoi ne pas le prendre par l'épaule et lui dire la vérité : « Tu sais que je t'adore, mec, alors je vais te raconter le petit secret qu'on vous cache, nous les Blancs : vous, les Noirs, vous arriverez jamais à notre niveau. Et vous vous mettez le doigt dans l'œil si vous croyez qu'en travaillant dur et en étant poli avec la dame vous allez obtenir votre place au conseil d'administration, vu qu'y a une seule place pour un Noir et elle est déjà prise. Non franchement, si vous vous voulez l'égalité et l'ascension sociale, faut aller voir en Suède, peut-être. »

Le jour où nous serons capables de parler avec autant de franchise, notre société n'en sera que plus honnête.

5. Regardez-vous dans un miroir. Si vous êtes blanc et que vous voulez vraiment contribuer à changer les choses, pourquoi ne pas commencer par votre propre vie ? Passez un peu plus de temps avec les autres visages pâles à vous demander ce que vous pouvez faire pour rendre ce monde un peu moins pourri pour les Blancs comme pour les Noirs. La prochaine fois que vous entendez un Blanc faire un commentaire raciste, remettez-le à sa place. Cessez de vous plaindre de la discrimination positive. Aucun Noir ne va venir gâcher votre vie parce qu'il vous aura piqué le boulot que vous prétendez « mériter ». Vous trouverez toujours une porte ouverte. Votre seule obligation, c'est de veiller à ce qu'elle reste ouverte pour ceux qui ont moins de chances que vous simplement parce qu'ils ne sont pas blancs.

6. Ne vous mariez pas avec un(e) visage pâle. Si vous êtes blanc et qu'aucune des idées exposées ci-dessus ne vous séduit, ou si vous pensez qu'elles sont trop compliquées à mettre en pratique, alors il vous reste une seule façon de contribuer à coup sûr à lutter contre la discrimination raciale : mariez-vous avec un(e) Noir(e) et faites des enfants ! Quand les Noirs et les Blancs feront l'amour ensemble – au lieu que les Noirs se fassent simplement baiser par les Blancs –, on finira peut-être par avoir une Amérique où tout le monde sera de la même couleur. (Les Latinos et les Asiatiques sont également invités à participer !) C'est qui ton papa ? Tout le monde !

Et quand nous serons tous de la même couleur, plus personne n'aura de raison de détester son prochain – sauf celui qui n'arrivera pas à décoller de cette putain de réception.

Conseils de survie pour les Noirs

1. Au volant d'une voiture

✗ Évitez d'offrir une cible trop facile au harcèlement des policiers racistes en installant une poupée gonflable blanche grandeur nature sur le siège arrière (du genre de celles utilisées par les conducteurs qui empruntent frauduleusement les voies express réservées au covoiturage). Les flics penseront probablement que vous êtes le chauffeur de ce passager fictif et vous laisseront tranquille.

✗ Essayez d'éviter d'attirer l'attention par un comportement suspect. Posez vos mains bien en vue sur le volant. Attachez votre ceinture ; en fait, attachez *toutes* les ceintures, avec ou sans passager. Si votre pare-brise arrière est orné d'un autocollant du genre « Klaxonnez si vous êtes Noir ! », remplacez-le par une inscription inoffensive comme « J'❤ le hockey sur glace ! »

✗ Abstenez-vous de conduire tout véhicule immatriculé dans le New Hampshire, l'Utah ou le Maine. La population noire de ces États étant pratiquement nulle, les flics en concluront automatiquement que vous conduisez une voiture *volée* et/ou que vous transporter de la drogue et/ou des armes. Remarquez qu'en y réfléchissant bien, les flics arrivent généralement à cette conclusion même quand votre véhicule est immatriculé dans un État ayant une forte population noire. Il vaut donc sans doute mieux que vous preniez le bus.

2. Comment faire vos courses

✗ Si vous voulez éviter d'être suivi par des vendeurs qui sont convaincus que vous allez leur voler quelque chose ou que vous allez les menacer avec une arme tout en vidant la caisse, la solution est simple : *faites vos courses par internet* ! L'avantage, c'est que vous n'aurez pas besoin de mettre les pieds hors de chez vous, ni d'attendre une heure pour trouver une place sur le parking du centre commercial.

✗ Si vous êtes malgré tout contraint de pénétrer dans un magasin, par pitié, laissez votre parka dans la voiture ! Toutes ces poches sont une véritable provocation et vous allez sûrement vous faire fouiller – on dirait que vous cherchez à vous faire arrêter ! Bien entendu, pas question d'exhiber sacs à main, sacs en plastique ou sacs à dos. Le mieux, c'est sans doute de faire vos courses tout nu. Évidemment, ça n'empêchera pas que vous soyez soumis de temps en temps à une fouille au corps au cas où vous cacheriez quelque chose dans un de vos orifices naturels, mais ce n'est qu'un inconvénient mineur si vous souhaitez pouvoir exercer votre droit sacré de consommer et de contribuer à dépenser votre part des 572 milliards de dollars afro-américains qui alimentent chaque année l'économie blanche.

3. Comment exercer votre droit de vote

✗ Étant donné que les Blancs se sont arrangés pour que les machines à voter les plus désuètes et les moins performantes soient toutes allouées aux circonscriptions noires, ne quittez pas le bureau de vote avant d'avoir personnellement contrôlé que votre bulletin correspond bien à votre vote et qu'il a été inséré dans une urne hermétiquement fermée. Si le bureau de vote est équipé d'une machine à voter, demandez aux scrutateurs de vérifier qu'elle fonctionne bien et que votre vote a été correctement enregistré.
N'oubliez pas d'emporter avec vous tous les instruments que vous jugerez utiles pour garantir la validité de votre vote : un stylo, un feutre noir, une aiguille à tricoter (pour être sûr de bien percer entièrement les trous du bulletin, une paire de tenailles, le contenu de votre boîte à outils, une loupe, une copie du règlement local des élections, une copie de votre carte d'électeur, une copie de votre acte de naissance, une copie de votre bulletin de note de CE 1, tout autre document susceptible de prouver que vous êtes toujours vivant, un appareil

photo pour pouvoir enregistrer toute manœuvre plus ou moins louche, un journaliste de la presse locale, afin de lui démontrer que vous ne lui racontiez pas des blagues quand vous affirmiez que votre bureau de vote avait dû être importé de Bolivie, du ruban adhésif, de la paraffine, un réchaud à gaz, du Typex, du détachant liquide, un avocat, un prêtre et un juge de la Cour suprême. Si vous arrivez à réunir toutes ces garanties, vous avez une chance sur deux de voir votre bulletin validé.

- ✗ Lors des élections de 2002, votez pour le candidat vert ou démocrate au Congrès. Si les démocrates gagnent ne serait-ce que cinq sièges de plus, non seulement ils contrôleront la Chambre des représentants, mais par l'effet de l'ancienneté, dix-neuf représentants ou représentantes noirs deviendront automatiquement présidents d'une commission ou d'une sous-commission parlementaires. Dix-neuf ! Un véritable raz de marée noir à la Chambre ! (Là où un candidat vert a une chance de gagner ou bien là où le candidat démocrate se comporte comme un républicain, un élu vert pourra renforcer la majorité démocrate.) Ne racontez pas ce que je viens de vous dire à tout le monde, l'idée d'une « Chambre noire » pourrait en faire flipper plus d'un !

4. Comment vous payer une bonne rigolade

- ✗ Récupérez un de ces vieux panneaux RÉSERVÉ AUX BLANCS des années 1950. Accrochez-le discrètement sur la porte des entreprises qui refusent d'embaucher des Noirs.
- ✗ La prochaine fois que vous prenez l'avion, installez nonchalamment ledit panneau sur la première rangée de fauteuils de la première classe.
- ✗ Même chose à l'entrée des bureaux de n'importe quelle équipe de base-ball de première division, ou à la tribune du stade lors du prochain match de la NBA.

✗ Plantez un panneau RÉSERVÉ AUX BLANCS sur la pelouse du bâtiment de la Cour suprême et quand Clarence Thomas se pointera, agitez les bras et poussez un cri d'horreur.

5. Que faire si vous craquez ? Il peut arriver un moment où vous en aurez vraiment plus que marre d'être harcelé, offensé, discriminé et de ne plus vous sentir à votre place dans un pays aussi profondément marqué par l'intolérance. Vous serez peut-être alors pris d'une furieuse envie de déguerpir et de vous installer dans un endroit où être noir ne fait pas de vous un paria – un endroit où vous puissiez vous sentir enfin chez vous.

L'Afrique ? Mieux vaut y réfléchir à deux fois.

Je vous laisse méditer la description qu'en fait Amnesty International : « Conflits armés, déplacements massifs de populations, torture, mauvais traitement et impunité endémiques continuent à caractériser le continent africain. » Et 52 % des habitants de l'Afrique subsaharienne survivent avec moins d'un dollar par jour. En 1998, la dépense moyenne par habitant était de 14 dollars. C'est certainement pire que de vivre à Detroit.

L'espérance de vie est au mieux de cinquante-sept ans, si vous avez la chance de vivre au Ghana. Si vous tombez sur le Mozambique, vos proches devront sans doute enterrer un beau vieillard de trente-sept ans et demi.

Sans parler des sécheresses, famines et autres calamités, comme le privilège de cumuler la majorité des cas (et des morts) de SIDA, et vous finirez sans doute par considérer que vous avez peut-être plus de chance de vous en tirer en dénichant de vieilles photos du sénateur républicain sudiste Trent Lott à poil faisant la folle dans un bal de travestis et en l'obligeant à démissionner (ça peut tout aussi bien marcher avec d'autres congressistes ultra-réactionnaires comme Orrin Hatch, Tom DeLay, etc.).

Ma collègue Amy McCampbell, qui est un des nombreux membres de la communauté afro-américaine que j'ai embauchés depuis que j'ai commencé la rédaction de ce chapitre (hé, sortez-moi ce bouquin de la section « humour », vous croyez que je plaisante ou quoi ? Mes cinq dernières embauches sont des Noirs), suggère une seule solution à tous ceux qui veulent retrouver leurs « racines noires » : les Caraïbes ! Je cite ses propos : « Pourquoi pas les Barbades ? C'est un véritable paradis tropical, les habitants sont super tranquilles et il n'y a pratiquement pas de délinquance. L'espérance de vie dépasse largement les soixante-dix ans. 80 % de la population est d'origine africaine, alors on se sentira pas dépaysé. En plus, ils parlent anglais, et le plus marrant, c'est que notre chef d'État sera la reine Elizabeth ! Waow ! »

Ça a l'air super, non ?

Évidemment, ça serait encore plus super si on pouvait s'arranger pour qu'Amy et les autres se sentent un peu plus chez eux aux États-Unis, là où ils sont nés. Je reste ouvert à toutes vos suggestions…

4

Les États Stupides d'Amérique

Sincèrement, est-ce que vous avez l'impression que vous vivez dans un pays de crétins ?

Dans le temps, j'essayais de me consoler à ce sujet en me tenant systématiquement le discours suivant : « Même s'il y a deux cents millions d'abrutis complets dans ce pays, ça nous laisse au moins quatre-vingts millions de personnes qui peuvent piger de quoi je cause – et ça fait quand même plus que la population du Royaume-Uni et de l'Islande réunis ! »

Jusqu'au jour où j'ai dû travailler dans le même bureau que les producteurs du jeu *Two-Minute Drill* sur la chaîne ESPN. C'est un quizz genre *Questions pour un champion* où il s'agit de deviner non seulement qui joue en quelle position pour quelle équipe de base-ball, mais qui a marqué quel point dans un match de 1925 entre Boston et New York, qui a été proclamé meilleur débutant de l'American Basketball Association en 1965 et qu'est-ce que Jake Wood, le célèbre joueur des Detroit Tigers, a mangé au petit déjeuner le 12 mai 1967.

Je ne connais pas les réponses à toutes ces questions, mais pour une raison obscure, je me rappelle que Jake Wood portait le maillot numéro 2. Vous pouvez m'expliquer pourquoi je suis capable de retenir un détail aussi parfaitement inutile ?

Alors franchement, après avoir vu défiler des centaines de candidats à participer à ce jeu idiot, je crois avoir appris quelque chose sur ce qu'est l'intelligence et sur les capacités mentales de mes concitoyens. Imaginez un peu le spectacle de ces hordes de maniaques du sport attendant leur moment de gloire dans les coulisses du studio, se récitant mentalement des centaines de noms et de chiffres et se mettant mutuellement au défi avec des questions absurdes dont je ne vois pas qui d'autre que Dieu Tout-Puissant devrait connaître la réponse. À en juger simplement par leur aspect physique, vous en auriez volontiers conclu que tous ces costauds n'étaient qu'une bande d'illettrés à peine capables de déchiffrer l'étiquette d'une bouteille de bière.

Eh bien pas du tout. Ce sont tout simplement des génies. Figurez-vous qu'ils sont capables de répondre à trente questions complètement ésotériques en moins de deux minutes. Ce qui nous fait quatre secondes par question, intervalle dans lequel il faut inclure le temps pris par les sportifs célèbres invités à l'émission pour déchiffrer péniblement l'intitulé des questions sur un carton prévu à cet effet.

Un jour, j'ai entendu Noam Chomsky expliquer que si vous voulez une preuve que les Américains ne sont pas idiots, vous n'avez qu'à écouter n'importe quelle émission sportive à la radio, et vous constaterez le nombre incroyable d'informations que nos concitoyens sont capables de retenir. On a de quoi rester pantois, et c'est la preuve que les cerveaux des Américains fonctionnent parfaitement. Le problème, c'est qu'on ne leur donne rien de vraiment intéressant ou excitant à digérer. *Notre* défi, ajoutait Chomsky, c'est de trouver une façon de rendre la politique aussi captivante et passionnante que le sport. Le jour où nous y arriverons, vous verrez que les Américains passeront leur temps à discuter des péripéties de la dernière réunion de l'OMC.

Mais d'abord, il faut qu'ils apprennent à déchiffrer ces trois lettres : O-M-C.

Aux États-Unis, quarante-quatre millions de personnes ont un niveau de lecture et d'écriture tout juste équivalent à ceux d'un élève de CM1, ce qui revient à dire qu'il y a quarante-quatre millions d'analphabètes fonctionnels.

D'où est-ce que je sors ce chiffre ? Eh bien je l'ai *lu* quelque part tout simplement. Et vous-mêmes vous êtes en train de le lire. Ce qui veut dire que notre activité fait partie des 99 heures par an consacrées à la lecture par un Américain adulte – contre 1 460 heures de télévision en moyenne.

J'ai également lu que seulement 11 % des Américains prennent la peine de *lire* un quotidien, si l'on excepte la bande dessinée du jour et les petites annonces.

Alors, si vous réalisez que vous vivez dans un pays où quarante-quatre millions de personnes ne savent pratiquement pas lire – et où près de deux cents millions savent lire, mais ne lisent probablement jamais –, eh bien il y a vraiment de quoi flipper. Un pays qui produit des étudiants illettrés à la pelle MAIS QUI FAIT TOUT POUR RESTER DANS L'IGNORANCE LA PLUS NOIRE est un pays qui ne devrait pas avoir le droit de régner sur le reste de l'humanité – au moins pas tant que la majorité de ses habitants ne sont pas capables de repérer le Kosovo (ou tout autre pays que les États-Unis ont bombardé) sur la carte du monde.

Les étrangers n'ont donc guère été surpris qu'un pays aussi satisfait de sa propre ignorance crasse ait « élu » à la présidence un type qui ne lit pratiquement *jamais rien* – pas même les rapports que lui soumet son cabinet – et qui croit que l'Afrique est le nom d'un État, pas d'un continent. Un crétin à la tête d'un pays de crétins. Dans notre glorieuse société d'abondance, il est un domaine où moins, c'est mieux : chaque fois qu'il s'agit de surcharger nos neurones par un trop-plein d'informations, de chiffres, de réflexion critique ou de compréhension de quoi que ce soit… sauf si c'est du sport, évidemment.

Notre Crétin-en-Chef ne fait d'ailleurs rien pour dissimuler son ignorance, au contraire, il s'en vante. Lors de son discours aux étudiants de Yale en 2001, George W. Bush a mentionné avec orgueil ses médiocres performances lors de son passage par cette auguste institution. « Quant à vous, les cancres, je vous le dis, vous aussi vous pouvez être président des États-Unis ! » Évidemment, il a oublié de dire qu'il valait mieux aussi dans ce cas avoir un père ex-président, un frère gouverneur d'un État où les bulletins de vote s'égarent facilement et plein de copains de Papa à la Cour suprême. Trop compliqué à expliquer dans un bref discours protocolaire.

C'est une glorieuse tradition chez nous, les Américains, que d'être représentés par des hauts fonctionnaires parfaitement incultes. En 1956, Dwight Eisenhower nomma ambassadeur à Ceylan (aujourd'hui Sri Lanka) un énergumène qui se révéla parfaitement incapable d'identifier le nom du Premier ministre de ce pays, pas plus que celui de sa capitale, lors de son audience de confirmation devant le Sénat. Pas de problème, Maxwell Gluck fut quand même confirmé à son poste. En 1981, dans les mêmes circonstances, le candidat de Ronald Reagan au poste de vice-secrétaire au département d'État, William Clark, avoua ses nombreuses lacunes en matière de politique étrangère : Clark n'avait pas la moindre idée des positions de nos alliés européens quant à l'installation de missiles nucléaires américains sur leur territoire, pas plus qu'il ne connaissait les noms des Premiers ministres sud-africain et zimbabwéen. Mais sa nomination fut bien entendu également confirmée. Tout ça préparait le terrain à Bébé Bush, qui, on s'en souvient, n'avait pas très bien assimilé les noms des dirigeants de l'Inde et du Pakistan, deux des sept pays à posséder la bombe atomique.

Et Bush junior est passé par Yale *et* par Harvard.

Récemment, on a effectué un test de connaissance auprès de 556 étudiants de niveau maîtrise de cinquante-cinq universités américaines prestigieuses (donc y compris Harvard, Yale et Stanford). Les questions posées étaient définies comme relevant du « niveau bac ». Il y avait trente-quatre questions. Ces étudiants d'élite ne purent répondre correctement qu'à 53 % des questions, et un seul d'entre eux donna toutes les réponses.

40 % des étudiants interrogés ne connaissaient pas les dates approximatives de la guerre de Sécession, alors même qu'on leur donnait le choix entre les réponses suivantes :
– A : entre 1750 et 1800.
– B : entre 1800 et 1850.
– C : entre 1850 et 1900.
– D : entre 1900 et 1950.
– E : après 1950.

(La réponse est C, les gars.) Les deux questions qui ont obtenu les meilleures réponses étaient (1) « Qui est Snoop Doggy Dog ? » (98 % de bonnes réponses) et (2) « Qui sont Beavis et Butt-head ? » (99 % de bonnes réponses). Bon, écoutez, je vais quand même pas nier que Beavis et Butt-head sont les héros d'un des meilleurs dessins animés satiriques des années 1990, ni que Snoop et ses collègues rappeurs ont beaucoup de choses à nous dire sur les problèmes de l'Amérique, alors je ne m'en prendrai pas à MTV, qui est un bouc émissaire trop facile.

Non, ce qui me tracasse, c'est justement pourquoi les sénateurs Joe Lieberman et Herbert Kohl, par exemple, vont chercher des poux dans la tête de MTV alors que si on doit désigner des coupables de l'échec massif du système d'éducation américain, ce sont bien nos hommes politiques. Visitez n'importe quelle école publique, et il y a de fortes chances que vous tombiez sur des classes surpeuplées, des plafonds qui fuient et des profs démoralisés. Dans une école sur quatre, les élèves utilisent des manuels publiés dans les années 1980, voire plus anciens.

Pourquoi en sommes-nous là ? Parce que nos dirigeants politiques – et ceux qui votent pour eux – estiment qu'il est plus important de construire de nouveaux bombardiers que d'éduquer nos enfants. Ils préfèrent débattre en commission parlementaire du caractère obscène de certains programmes de télévision plutôt que de remettre en question le caractère obscène de leur propre indifférence face à la situation de l'instruction publique aux États-Unis, une situation qui nous vaut le privilège d'être le Pays le plus Stupide du Monde.

Ne croyez pas que ça me réjouit d'avoir à l'admettre. J'adore ce bon gros pays et les merveilleux cinglés qui l'habitent. Mais quand je visite un village perdu d'Amérique centrale, comme ça m'est arrivé dans les années 1980, et que j'entends des gosses de douze ans m'exprimer leur inquiétude au sujet de la politique de la Banque mondiale, j'ai vaguement l'impression qu'il y a quelque chose qui cloche aux États-Unis.

Le problème, ce n'est pas seulement que nos enfants sont ignorants, mais que leurs parents n'en savent pas beaucoup plus qu'eux. Je me demande ce qui se passerait si nous soumettions tous les congressistes à un test de connaissance, juste pour voir. Et tous ces commentateurs qui encombrent nos écrans avec leurs conneries sans fin ? Combien seraient capables de répondre ?

Il y a quelque temps, j'ai voulu en avoir le cœur net, C'était un de ces dimanches matin où vous avez le choix entre *Parade of Homes*, une émission de promotion immobilière, et un talk-show, *The McLaughlin Group*. Si vous préférez le spectacle d'une bande de hyènes sous amphétamines, vous allez évidemment choisir *The McLaughlin Group*. Ce matin-là, peut-être comme châtiment pour regarder la télé au lieu d'aller à la messe, j'ai dû me taper les jérémiades de l'éditorialiste Fred Barnes (qui travaille aujourd'hui à la rédaction de l'hebdo de droite *Weekly Standard*) au sujet de l'état lamentable du système éducatif américain, tout ça étant bien entendu la faute des profs et de leurs foutus syndicats.

« Nos enfants ne savent même pas ce que sont l'*Iliade* et l'*Odysssée* ! » vociférait Fred, tandis que les autres invités hochaient la tête en signe d'approbation admiratrice.

Le lendemain matin, j'appelai Fred Barnes à son bureau de Washington. « Fred, l'*Iliade* et l'*Odysssée*, c'est quoi au juste ? »

Fred Barnes commença à bégayer. « Heu... c'est... ce sont... vous savez, c'est... heu... bon, ça va, vous m'avez coincé. Je ne sais pas de quoi ça parle, Vous êtes content ? »

Pas vraiment. Vous êtes l'une des principales autorités de la télévision américaine. Vous avez votre propre programme une fois par semaine et vous êtes invité dans un tas d'autres émissions. Vous prodiguez allègrement votre « savoir » à des centaines de milliers de citoyens ingénus et vous répandez votre mépris pour l'ignorance de vos adversaires. Et en réalité, vous et vos invités, vous êtes tout aussi ignares. Alors éduquez-vous un peu, achetez un bon paquet de bouquins et enfermez-vous dans votre chambre.

Yale, Harvard, Princeton, Dartmouth, Stanford, Berkeley. Il suffit de décrocher un diplôme d'une de ces prestigieuses universités et vous n'avez plus de soucis à vous faire dans la vie. Sauf que 70 % des étudiants de ces augustes institutions n'ont jamais entendu parler de la loi sur le droit de vote de 1965, qui a garanti formellement le droit au suffrage des électeurs afro-américains, ni du programme de réformes dit de la « Grande Société », lancé par le président Lyndon Johnson. Après tout, quand vous êtes confortablement installé dans votre villa en Toscane, alternant entre la contemplation du coucher de soleil et celle de votre portefeuille d'actions, est-ce que vous avez vraiment besoin de savoir tout ça ?

Et aucune de ces universités ne prévoit d'obliger leurs étudiants incultes à suivre ne serait-ce qu'un cours d'histoire des États-Unis pour pouvoir obtenir leur licence. Après tout, pourquoi connaître l'histoire de son pays si on est destiné à devenir maître de l'univers ?

Et qu'importe si 70 % de ces licenciés ne sont pas obligés de connaître une langue étrangère ! Est-ce que le monde entier ne parle pas anglais, désormais ? Et s'il reste encore des salauds d'étrangers pour ne pas dominer la langue de Shakespeare, ILS ONT INTÉRET À SE METTRE AU NIVEAU VITE FAIT.

Et puisqu'on cause de Shakespeare, qu'est-ce qu'on en a à cirer si sur les soixante-dix cursus de littérature anglaise enseignés dans les soixante-dix meilleures universités américaines, seulement trente-trois exigent de leurs étudiants qu'ils suivent un cours sur cet auteur ? Est-ce que quelqu'un peut m'expliquer ce que Shakespeare a à voir avec la langue anglaise ? C'est vrai quoi, c'est pas avec ces tragédies ringardes que je vais gérer mes stock-options.

Bon, peut-être qu'en fait je suis tout simplement jaloux parce que je n'ai pas de diplôme universitaire. Eh oui, moi, Michael Moore, j'ai laissé tomber la fac.

Enfin, pas *officiellement*. Il se trouve simplement qu'un jour, en deuxième année de fac, j'essayais désespérément de trouver une place sur le parking du campus de Flint, et rien à faire, tout était complet et personne ne faisait mine de s'en aller. Après avoir passé une heure à tourner en rond au volant de ma Chevrolet Impala de 1969, je me suis mis à gueuler à tout-va : « Puisque c'est comme ça, je laisse tomber ! » Je suis rentré chez moi et j'ai dit à mes parents que j'abandonnais mes études

« Comment ça ?

Pas moyen de trouver une place de parking. » Après quoi je m'ouvris une canette et poursuivis mon chemin dans l'existence. Je n'ai jamais mis les pieds dans une institution scolaire depuis lors.

Il faut dire que mon allergie pour l'enseignement a commencé plus ou moins dès le premier mois du cours préparatoire. Mes parents – et Dieu les bénisse éternellement pour cette bonne action – m'avaient appris à lire et à écrire dès l'âge de quatre ans. Ce qui fait que quand je suis entré à l'école primaire Saint-

John, j'ai dû faire semblant de participer pendant que les autres gosses psalmodiaient comme des automates : « A, B, C, D, E, F, G… Je connais mon alphabet, dites-moi ce que vous en pensez ! » Chaque fois que j'entendais ce refrain, j'avais envie de hurler : « Je vais vous dire ce que j'en pense, bande de débiles : fermez-la ! Je veux un chou à la crème ! »

Je m'emmerdais à mourir. Les bonnes sœurs, grâces leur en soient rendues, finirent par s'en rendre compte et, un jour, sœur Catherine me prit à part et m'expliqua qu'elles avaient décidé de me faire passer en cours élémentaire première année, et ce sur-le-champ. J'étais tout excité. Une fois rentré à la maison, j'annonçais la nouvelle avec enthousiasme à mes parents. Ils n'avaient pas l'air aussi enthousiastes que moi. Pas vraiment bouleversés par cette marque de mon génie, ils laissèrent échapper un vigoureux « NOM DE… ! », s'éclipsèrent dans la cuisine et fermèrent la porte à double tour. J'entendis alors ma mère expliquer au téléphone à la Mère supérieure qu'il n'était *pas question* que le petit Michael étudie avec des enfants beaucoup trop grands pour lui, et que donc, s'il vous plaît, ma sœur, remettez-le en CP.

J'étais catastrophé. Ma mère m'expliqua que si je sautais une année, j'allais passer le reste de ma scolarité avec des gosses plus vieux et de gabarit nettement supérieur au mien (le manque d'exercice et l'abus de fast-food devaient la démentir sur ce dernier point). Pas la peine de faire appel auprès de mon père, qui abandonnait la plupart de décisions en matière scolaire à ma mère, ancienne déléguée de classe de son lycée. J'essayai de lui expliquer que si je retournais en cours préparatoire, j'aurais l'air d'avoir *raté* mon entrée en CE1 – au risque de me faire flanquer une torgnole par les gosses du CP que j'avais quittés triomphalement en les traitant d'attardés mentaux. Mais Maman ne se laissa pas intimider ; c'est comme ça que j'ai appris que la seule personne jouissant de plus d'autorité que la Mère supérieure était la Mère Moore.

Le jour suivant, je décidai d'ignorer les injonctions parentales et, juste avant que la cloche ne sonne, me faufilai discrètement mais gaillardement parmi les élèves de CE1 qui attendaient en file indienne leur tour d'entrer dans le bâtiment de l'école. J'adressai une fervente prière au Seigneur pour qu'Il frappe les bonnes sœurs de cécité et qu'elles n'y voient que du feu. La cloche sonna – personne ne m'avait vu ! La file des CE1 commença à avancer et je fis mon entrée dans l'école avec eux. *Ça marche !* Je me disais : *si je m'en sors jusqu'au bout, si j'arrive à mettre les pieds dans la salle de classe des CE1 et m'asseoir à mon pupitre, plus personne ne pourra me faire bouger de là.* Au moment où je pénétrai sous le porche, une main s'abattit sur le col de mon pardessus. C'était sœur Catherine.

« Il me semble que tu t'es trompé de file, Michael, dit-elle d'une voix ferme, tu dois retourner en CP. » Je protestai énergiquement : mes parents « n'y comprenaient rien », d'ailleurs « c'était pas vraiment mes parents », etc.

Douze années ont passé. Jour après jour, j'ai assisté aux cours, j'ai fait mes devoirs, tout en restant constamment obsédé par une seule idée : me tirer de là. En CM1, j'ai lancé un journal scolaire clandestin. Il a été confisqué. J'en ai lancé un autre en sixième. Confisqué. En quatrième, non seulement j'ai lancé un journal, mais j'ai convaincu les bonnes sœurs de me laisser écrire une pièce de théâtre pour les fêtes de fin d'année. Le thème de la pièce tournait autour des rats qui pullulaient dans la salle paroissiale ; j'imaginai que tous les rats du pays avaient décidé de tenir leur convention annuelle à Saint-John. Le curé mit le hola et confisqua à nouveau le journal. En guise de spectacle de fin d'année, nous devions nous contenter de monter sur scène, entonner trois chants de Noël et retourner à nos places en silence. J'organisai alors un complot avec la moitié de la classe : une fois sur scène, nous resterions obstinément silencieux pour protester contre la censure. Mais le jour venu, dès le deuxième chant, intimidé par le regard sévère de leurs parents dans l'assistance, la plupart des rebelles commencèrent eux aussi à chanter. Au troisième hymne, moi aussi j'avais capitulé, entonnant en chœur « Ô douce nuit ! » et me jurant de reprendre le combat à une occasion plus propice.

Le lycée, c'est bien connu, est une institution punitive sadique et perverse organisée par des adultes pleins de ressentiment sous prétexte qu'ils ne peuvent plus mener la vie de glandouillage irresponsable à laquelle s'adonnent joyeusement les adolescents vingt-quatre heures sur vingt-quatre et sept jours sur sept. Comment expliquer autrement ces quatre années de commentaires dégradants et de mauvais traitements, aggravés par l'intime conviction que vous êtes le seul à ne pas baiser ?

Dès mon entrée dans le système d'éducation publique, je compris que la répression exercée par les bonnes sœurs de l'ordre de Saint-Joscph n'était qu'une plaisanterie : ces braves religieuses étaient de véritables saintes à côté de ce qui m'attendait dans cette taule de plus de deux mille détenus. Alors que les bonnes sœurs avaient voué leur vie entière à l'enseignement sans espérer aucune récompense en ce monde, les profs et les administrateurs du lycée public n'avaient qu'une consigne : « Ayez-moi ces petits salauds à l'œil et pas question de les laisser sortir tant que leur volonté n'est pas complètement brisée ou que nous les ayons expédiés à l'usine de colle ! » Fais ci, fais pas ça, rentre ta chemise dans ton pantalon, arrête de sourire comme ça, où est ton carnet d'identification, C'EST PAS LE BON ! TROIS HEURES DE COLLE !

Un jour que je venais de rentrer du lycée et que je feuilletais le journal, je tombai sur le titre suivant : « Vingt-sixième amendement accepté : droit de vote à dix-huit ans. » Et en bas de page, un autre article annonçait : « Le président du conseil d'administration du lycée part en retraite. Nouvelles élections en vue. »

Ah, ah, ah… J'appelai aussitôt une fonctionnaire du comté.

« 'jour. J'ai dix-huit ans dans quelques semaines. Il paraît que j'ai le droit de vote, mais est-ce que j'aurais pas aussi le droit d'être candidat ? »

« Voyons voir, me dit la dame. C'est la première fois qu'on me pose la question. »

Elle consulta un tas de paperasses puis reprit l'appareil : « Oui, vous vous pouvez vous présenter. Il suffit de réunir vingt signatures pour que votre candidature soit enregistrée. »

Vingt signatures ? Rien que ça ? Je ne pensais pas que c'était si facile. J'obtins rapidement mes vingt signatures, soumis ma candidature et commençai aussitôt à faire campagne. Mon programme ? « Virez le directeur et son adjoint ! »

Alarmés à l'idée qu'un élève du lycée puisse effectivement trouver un moyen légal d'éliminer l'administration qui le persécutait, cinq « adultes » se présentèrent eux aussi pour veiller au grain.

Bien entendu, ils divisèrent le vote adulte et j'emportai la victoire en obtenant la voix de tous les branleurs entre dix-huit et vingt-cinq ans – des gars qui n'auront sans doute jamais voté une deuxième fois dans leur vie, mais qui se réjouissaient à l'idée d'envoyer leurs gardiens de prison à la potence.

Le jour suivant, alors que je déambulais dans le hall en exhibant fièrement une chemise qui flottait hors de mon pantalon (il me restait une semaine à tirer au lycée), je croisai le vice-directeur.

« Bonjour, Monsieur Moore », dit-il d'un air pincé. La veille, j'étais encore simplement monsieur « Hé, toi, là-bas ! ». Désormais, j'étais son patron.

Neuf mois après ma prise de pouvoir, le directeur et le vice-directeur présentèrent leur « lettre de démission », un procédé destiné à sauver la face des administrateurs à qui on demande poliment de dégager. Quelques années plus tard, le directeur devait succomber à une crise cardiaque.

Je le connaissais depuis longtemps. Quand j'avais huit ans, il nous autorisait, moi et mes copains, à patiner et jouer au hockey sur glace sur le petit étang derrière sa maison. Il était aimable et généreux et sa porte était toujours ouverte au cas où nous aurions eu besoin de changer de patins ou de nous réchauffer un peu. Quelques années plus tard, on m'a proposé de jouer de la basse dans un groupe en voie de formation, mais je n'avais pas de basse. Il me laissa emprunter celle de son fils.

Je vous raconte tout ça pour vous rappeler que la plupart des gens sont fondamentalement bons et que même cette personne avec laquelle j'ai fini par avoir de sérieux différends était toujours prête à offrir une tasse de chocolat chaud aux petits morveux transis de froid de son quartier.

Les profs sont aujourd'hui la cible favorite des critiques des politiciens. Prenez Chester Finn, par exemple, ancien vice-secrétaire à l'Éducation de Bush père : si vous l'écoutez déblatérer, vous finirez par être convaincus que tout ce qui cloche dans notre société est dû en fin de compte au laxisme, à la paresse et à l'incompétence de nos éducateurs : « Au cas où on souhaiterait établir une liste des principaux responsables du déclin de notre système éducatif, je ne sais pas qui il faudrait mettre en tête de liste : les syndicats ou les instituts de formation des enseignants. »

Bien sûr, il y a un tas de profs qui déconnent et qui feraient mieux de faire du démarchage téléphonique pour vendre des produits de beauté. Mais la vaste majorité des enseignants sont des éducateurs consciencieux qui gagnent moins d'argent par mois que ce que certains de leurs propres élèves empochent en vendant de l'ecstasy, et nous nous permettons de critiquer leur extrême dévouement. Je ne sais pas ce que vous en pensez mais, personnellement, je préférerais que les personnes qui s'occupent de ma progéniture pendant la majeure partie de la journée, en tout cas plus longtemps que moi, soient traitées avec un peu plus d'affection et de sympathie. Après tout, c'est l'avenir de mes gosses qui est entre leurs mains, alors pourquoi leur chercher systématiquement des poux dans la tête ?

On pourrait penser que l'attitude normale envers les enseignants serait à peu près la suivante.

Chers professeurs, *je vous remercie mille fois de consacrer autant de temps à mon enfant. Puis-je faire QUOI QUE CE SOIT pour vous aider ? Avez-vous besoin de QUOI QUE CE SOIT ? Je suis entièrement à votre disposition. Pourquoi ? Parce que vous aidez mon enfant – MA PETITE CHÉRIE – à apprendre et à grandir. Non seulement vous êtes largement responsable de sa future capacité de gagner sa vie, mais votre influence comptera beaucoup dans sa façon de percevoir le monde, dans sa connaissance des autres êtres humains et dans la confiance qu'elle aura en elle-même. Mon plus cher souhait, c'est qu'elle se sente capable d'affronter tous les obstacles, qu'elle sente que toutes les portes lui sont ouvertes et qu'aucun rêve ne lui est inaccessible. C'est la personne la plus importante de mon existence que je vous confie sept heures par jour. Vous êtes donc vous aussi l'une des personnes les plus importantes de mon existence ! Merci.*

Eh bien non, au lieu de ça, voilà ce que les profs s'entendent dire :

✗ « On peut se poser des questions sur ces enseignants qui prétendent donner la priorité absolue aux intérêts de nos enfants et qui ne songent qu'à ruiner notre système d'éducation en exigeant constamment des augmentations » (*New York Post*, 26.12.2000).

✗ « On estime qu'entre 5 % et 18 % des 2,6 millions d'enseignants sont incompétents » (Michael Chapman, *Investor's Business Daily*, 21.09.1998).

✗ « La plupart des professionnels de l'éducation appartiennent à un cercle fermé d'initiés [...] qui obéissent aux modes pédagogiques au lieu d'appliquer des méthodes scientifiquement éprouvées » (Douglas Carminen, cité dans la *Montreal Gazette*, 06.01.2001).

✗ « Les syndicats enseignants en arrivent à défendre des délinquants ou des professeurs qui ont des relations sexuelles avec des élèves, ou encore des individus tout simplement incompétents » (Peter Schweizen, *National Review*, 17.08.1998).

Quelle priorité accordons-nous à l'éducation dans ce pays ? Oh, bien sûr, elle est sans doute budgétée quelque part entre l'inspection du travail et l'hygiène alimentaire. Les individus qui veillent quotidiennement à l'éducation de nos enfants gagnent en moyenne 41 351 dollars par an. Un congressiste dont le seul souci est de savoir quel représentant du lobby du tabac va l'inviter à dîner ce soir gagne 145 000 dollars.

Vu le profond mépris social qui s'exprime à travers ce salaire de misère, il n'y a pas de quoi s'étonner qu'il y ait si peu de vocations enseignantes. La pénurie de professeurs est si forte aux États-Unis que certains districts scolaires doivent recruter des enseignants à l'étranger. Tout récemment, à Chicago, on a dû embaucher des profs originaires de vingt-huit pays différents, dont la Chine, la France et la Hongrie. À New York, lors de la prochaine rentrée, sept mille enseignants seront partis en retraite, et 60 % de leurs remplaçants ne seront pas des professeurs certifiés.

Mais vous ne connaissez pas la meilleure : 163 établissements scolaires de New York ont inauguré l'année 2000-2001 *sans avoir de directeur* ! Vous avez bien entendu : des dizaines d'école sans personne au poste de commande ! Il semblerait que les responsables de l'éducation publique de la mairie de New York soient tentés de mettre en pratique la théorie du chaos : fourrez-moi cinq cents pauvres gosses dans un bâtiment en ruine et observez le résultat ! Il faut croire qu'une métropole qui contrôle l'essentiel des richesses de la planète et où il y a plus de millionnaires au mètre carré que de vieux chewing-gums sur le trottoir est incapable de trouver de quoi payer un prof débutant plus de 31 900 dollars par an. Et après ça, on s'étonne de la médiocrité des résultats du système.

Et ce ne sont pas seulement les enseignants qui sont mal traités : les établissements scolaires des États-Unis tombent *littéralement* en ruine. En 1999, 25 % des écoles publiques américaines signalaient qu'au moins un de leurs bâtiments était dans un état critique. En 1997, à Washington, on dut repousser la rentrée de trois semaines parce que les conditions de sécurité étaient déficientes dans *un tiers* des établissements.

Près de 10 % des écoles reçoivent 25 % d'élèves en plus que ce que leur permet leur capacité d'accueil. Certains cours ont lieu dans les halls, dans la cour, dans les salles de gym ou dans la cafétéria ; j'ai même visité une école où une classe occupait la remise du gardien. De toute façon, la remise du gardien ne sert généralement pas à entreposer les produits de nettoyage : à New York, près de 15 % des 1 100 écoles publiques n'ont pas de personnel d'entretien à plein temps ; ce sont les profs qui doivent balayer leurs salles de classe, et il n'y a pas de papier dans les toilettes des élèves. On envoie déjà les gosses vendre des bonbons dans la rue pour pouvoir acheter des instruments de musique pour l'orchestre du collège, alors pourquoi pas leur faire laver les pare-brise pour financer la ration de PQ ?

Une autre preuve de l'intérêt que suscite l'avenir de notre progéniture auprès de nos élus est le nombre des bibliothèques publiques, et même des bibliothèques scolaires, qui ont été fermées ou qui ont dû limiter leurs heures d'ouverture.

Il s'agit d'une pratique avec laquelle le « président » Bush est apparemment tout à fait d'accord : il a proposé de faire passer le budget fédéral des bibliothèques de 207 à 168 millions de dollars soit près de 19 % de réduction. La semaine précédente, son épouse, Laura Bush, ancienne bibliothécaire de lycée, avait lancé une campagne nationale en faveur des bibliothèques, définies comme « de véritables trésors nationaux, bourrés d'informations également accessibles à tout un chacun ». Quant à la mère du président, Barbara Bush, elle est à la tête de la Fondation pour l'éducation familiale. C'est vrai, quoi, rien de tel que l'expérience d'un illettré dans la famille pour vous motiver à aider les autres.

Cette diminution des bibliothèques publiques est déjà triste pour les enfants qui ont accès à des livres chez eux, mais pour ceux qui viennent de familles où personne ne lit, elle est tragique. Il est même possible qu'elle les prive à jamais de toute opportunité de découvrir les joies de la lecture, ou de prendre connaissance du type d'information qui pourrait décider de leur sort dans l'existence. Jonathan Kozol, un auteur qui plaide depuis des décennies la cause des enfants défavorisés, signale que les bibliothèques scolaires « sont pratiquement la seule forme d'introduction à un univers de plaisirs et de stimulations non marchands à laquelle auront jamais accès les enfants des quartiers pauvres ».

Priver les enfants de bonnes bibliothèques, c'est aussi les empêcher de développer les compétences en matière de traitement de l'information dont ils auront besoin dans des métiers de plus en plus axés sur des connaissances constamment en évolution. La capacité de mener des recherches est « probablement la compétence la plus essentielle qui soit nécessaire [à un étudiant de nos jours] », explique Julie Walker, directrice exécutive de l'Association des bibliothécaires scolaires des États-Unis. « Les connaissances qu'ils acquièrent dans le système scolaire ne leur serviront pas indéfiniment. Nombreux sont ceux qui occuperont au moins ou quatre ou cinq emplois différents au cours de leur existence. Ce sera essentiellement leur capacité de "naviguer" dans le monde de l'information qui importera. »

Qui est responsable du déclin de nos bibliothèques ? Pour ce qui est des bibliothèques scolaires, on peut montrer du doigt (ouais, *ce doigt-là*) Richard Nixon. À partir des années 1960, l'État fédéral disposait d'un budget spécifique pour les bibliothèques scolaires. Mais, en 1974, l'administration Nixon changea les règles et attribua aux États des dotations « en bloc » que chacun d'entre eux pouvait choisir de dépenser à sa guise. Peu nombreux furent ceux qui accordèrent une priorité aux bibliothèques, et ce fut le début de leur déclin. C'est là une des raisons pour lesquelles le matériel documentaire disponible dans nombre d'institutions scolaires date des années 1960 et des années 1970, avant la réforme budgétaire. (« Non, ma petite Sally, l'Union soviétique n'est pas notre ennemi. Ça fait dix ans qu'elle n'existe plus... »)

Un reportage de 1999 de l'hebdomadaire *Education Week* nous offre une description de la bibliothèque d'une école primaire de Philadelphie qui n'est sans doute malheureusement pas un exemple isolé : les ouvrages en meilleur état de l'école primaire T. M. Pierce sont périmés, déchirés et décolorés. Les plus abîmés – dont la plupart ont atteint la dernière étape avant la désintégration totale – sont sales, dégagent une odeur fétide et laissent une couche de moisissure sur les doigts et les vêtements de qui les manipule. Le mobilier est un assemblage hétéroclite de chaises et de table usées, parfois même cassées. Il n'y a pas un seul ordinateur... Qu'il s'agisse d'encyclopédies, de biographies, de romans ou de documentaires, les volumes qui ornent les étagères sont pleins d'information périmées et de stéréotypes choquants et dépassés. Il est absolument impossible d'y rencontrer la moindre information précise sur des thèmes comme le SIDA ou d'autres maladies récentes, l'exploration de la Lune ou de Mars, ou les cinq derniers présidents des États-Unis.

Le plus drôle, c'est que ce sont les mêmes politiciens qui bloquent le financement de notre système éducatif et qui se scandalisent du fait qu'en matière de performance scolaire nos enfants soient loin derrière les écoliers de nations comme l'Allemagne ou le Japon, et en tout cas de pratiquement tous les pays ayant l'eau potable et dont l'économie ne consiste pas essentiellement à vendre des chewing-gums. Ces hypocrites prétendent désormais « responsabiliser » le système. Ils exigent que les professeurs soient testés régulièrement. Et les élèves aussi.

Il n'y a rien de spécialement répréhensible dans l'idée d'avoir recours à des tests standardisés pour vérifier le niveau de connaissance des élèves. Mais il y a trop de politiciens et de bureaucrates du ministère de l'Éducation qui passent leur temps à stimuler complaisamment l'obsession nationale pour les tests, comme si tout ce qui cloche dans notre système éducatif pouvait être éliminé comme par magie par la simple vertu d'une série de tests.

Ceux qu'on devrait vraiment tester, pour le coup (à part les experts pontifiants), ce sont nos soi-disant dirigeants politiques. La prochaine fois que vous croisez votre représentant à la Chambre ou au Sénat, soumettez-le au questionnaire suivant – et signalez-lui que toute possibilité d'augmentation future de son salaire dépendra du résultat de ce test.

Test

1. Quel est le salaire moyen annuel de vos électeurs ?
2. Quel est le pourcentage de mineurs parmi les bénéficiaires de l'aide sociale ?
3. Combien d'espèces végétales et animales connues sont-elles actuellement en voie d'extinction ?
4. Quelle est la taille du trou dans la couche d'ozone ?
5. Quels sont les pays africains qui connaissent une mortalité infantile inférieure à celle de Detroit ?
6. Combien de villes des États-Unis ont-elles encore deux quotidiens en concurrence ?
7. Combien d'onces y a-t-il dans un gallon ?
8. À quoi ai-je plus de chances de devoir la mort : à un massacre dans un établissement scolaire ou à la foudre ?
9. Quel est la seule capitale d'un État américain à ne pas avoir un McDonald's ?
10. Décrivez-moi le contenu narratif de l'*Iliade* ou de l'*Odyssée*.

Réponses

1. 28 548 dollars.
2. 67 %.
3. 11 046.
4. 26 millions de kilomètres carrés.
5. La Libye, l'île Maurice et les Seychelles.
6. Trente-quatre.
7. 128 onces.
8. J'ai deux fois plus de chances de me faire tuer par la foudre que par un coup de feu dans un établissement scolaire.
9. Montpelier, capitale du Vermont.
10. L'*Iliade* est un poème épique grec ancien sur la guerre de Troie composé par Homère. L'*Odyssée* est également un poème épique composé par Homère et qui raconte les dix années du long voyage d'Ulysse, roi d'Ithaque, de retour de la guerre de Troie.

Il y a de fortes chances que le génie qui vous représente au Congrès ne sache pas répondre à la moitié des questions ci-dessus. Heureusement, vous avez la possibilité de le recaler dans un an ou deux.

Il y a au moins un groupe de gens aux États-Unis qui ne se contentent pas de déblatérer à propos des profs incapables – un groupe de gens qui éprouvent un véritable et profond intérêt pour l'avenir scolaire et professionnel de nos enfants. On peut même dire qu'ils sont très directement concernés par le public captif constitué par ces millions d'élèves et d'étudiants… ou par les milliards de dollars qui sortent de la poche de ces jeunes gens chaque année. (Les adolescents ont dépensé plus de 150 milliards de dollars en l'an 2000.) Eh oui, c'est bien de nos amis les capitalistes qu'il s'agit : la générosité dont ils font preuve à l'égard de nos établissements scolaires n'est qu'un exemple supplémentaire de leur indéfectible patriotisme.

Mais quelle est exactement l'étendue de cette générosité ?

D'après les chiffres recueillis par le Centre pour l'analyse de l'intrusion commerciale dans le système éducatif (CACE), cette forme de prodigalité désintéressée a connu une expansion sans précédent au cours des années 1990. Au cours des dix dernières années, en effet, le volume des activités et des programmes scolaires parrainés par des entreprises privées a augmenté de 248 %. En échange de ce parrainage, les établissements scolaires permettent aux sponsors d'associer leur marque à l'activité concernée.

Ainsi, par exemple, Eddie Bauer parraine la finale du concours national de géographie. On trouve des publicités de Calvin Klein et de Nike sur des livres scolaires distribués aux élèves. Nike et d'autres fabricants de chaussures, à la recherche de futures étoiles du basket-ball, sponsorisent les équipes des lycées des quartiers noirs.

Pizza Hut a lancé un programme pour encourager les enfants à lire, « Book-It ! ». Quand ceux-ci ont accompli leur volume mensuel de lecture, ils reçoivent un certificat qui leur donne droit à une pizza. Le gérant du point de vente félicite personnellement les gagnants et leur distribue un autocollant et le certificat. Pizza Hut propose aux directeurs d'école d'afficher une liste d'honneur « Pizza Hut Book It ! » dans leur établissement pour que tout le monde puisse la contempler.

General Mills et Campbell's Soup ont trouvé encore mieux. Au lieu de distribuer gratuitement des cadeaux, ils récompensent les établissements scolaires qui encouragent les parents à acheter leurs produits. Dans le cadre du programme « Box Tops for Education », les écoles reçoivent dix cents pour chaque logo de boîte de céréales qu'elles récupèrent, et peuvent ainsi gagner jusqu'à dix mille dollars. Ça fait toujours cent mille produits supplémentaires vendus pour General Mills. Le programme « Labels for Education » de Campbell's Soup est à peu près du même acabit. Il se fait fort d'« offrir aux enfants américains de l'équipement scolaire GRATUIT ! » Chaque établissement scolaire peut gagner un ordinateur Apple iMac contre 94 950 étiquettes de conserve de soupe Campbell. Campbell propose un objectif indicatif d'une étiquette par jour et par élève. Avec cinq étiquettes par semaine et par enfant, il vous suffit de cinq cent vingt-huit élèves pour gagner votre ordinateur en une année scolaire.

Mais ce ne sont pas seulement des accords de parrainage qui scellent l'alliance entre l'éducation publique et le secteur privé. Au cours des années 1990, les contrats d'exclusivité entre les établissements scolaires et les fabricants de boissons gazeuses ont connu une augmentation phénoménale de 1 384 %. Deux cent quarante districts scolaires de trente et un États ont vendu des droits exclusifs de distribution dans les écoles à un des trois géants du secteur (Coca-Cola, Pepsi-Cola et Dr. Pepper). Après ça, ne vous étonnez pas de l'augmentation sans précédent de l'obésité chez les mineurs, ou des déficiences en calcium des jeunes filles qui boivent de moins en moins de lait. Et malgré le fait que la législation fédérale interdise la vente de sodas dans les établissements scolaires avant l'heure du déjeuner, dans certaines écoles surpeuplées, le « déjeuner » commence à dix heures du matin. De l'eau gazeuse sucrée et parfumée par des additifs chimiques, voilà le nouveau petit déjeuner des champions ! (En mars 2001, Coca-Cola a dû répondre à la pression de l'opinion et annoncer qu'il mettrait désormais de l'eau, des jus de fruits et autres produits sans sucre, sans caféine et riches en calcium dans ses distributeurs de boissons installés dans les établissements scolaires.)

On comprend aisément que Coca-Cola puisse se permettre de telles concessions quand on prend connaissance du contrat qu'il a signé avec le district scolaire de Colorado Springs. Il faut dire que l'État du Colorado est un véritable pionnier en la matière. Si les établissements scolaires de Colorado Springs arrivent à vendre au moins soixante-dix mille produits Coca-Cola par an, ils recevront 8,4 millions de dollars sur dix ans, et plus s'ils dépassent leur quota. Pour atteindre cet objectif, les fonctionnaires locaux de l'éducation encouragent les directeurs d'établissement à permettre aux étudiants d'accéder à volonté aux distributeurs de Coca et même à consommer cette boisson pendant les cours.

Mais il n'y en a pas que pour Coca-Cola. Dans le comté de Jefferson (qui accueille le célèbre lycée de Columbine), également dans le Colorado, Pepsi-Cola a offert 1,5 million de dollars pour contribuer à la construction d'un nouveau stade. En échange, certains établissements scolaires du comté ont introduit un nouveau cours de sciences naturelles qui consiste à faire tester aux élèves divers types de boissons gazeuses, à en analyser des échantillons, à visionner un reportage sur une usine d'embouteillage de Pepsi et à en visiter une eux-mêmes.

En 1996, le district scolaire de Wylie, au Texas, a signé un contrat divisant les droits de distribution de boissons gazeuses entre Coca-Cola et Dr. Pepper. Chacune de ces entreprises devait débourser à cette fin 31 000 dollars par an. Mais, en 1998, l'administration du comté de Wylie a changé d'avis et a signé un contrat avec Coca-Cola qui s'engageait à offrir la somme de 1,2 million de dollars sur quinze ans. Dr. Pepper traîna alors les autorités du comté en justice pour rupture de contrat. Le district scolaire dut payer 160 000 dollars au plaignant, sans compter les 20 000 dollars de frais de justice.

Il n'y a pas que les capitalistes qui prennent des risques. Les lycéens qui font preuve de manque de patriotisme d'entreprise peuvent eux aussi être sanctionnés par le « marché ». Ainsi, quand Mike Cameron, du lycée Greenbrier d'Evans, en Géorgie, a osé arborer une T-shirt Pepsi le jour où son établissement célébrait le « Coke Day », il a été suspendu pendant vingt-quatre heures. La célébration du « Coke Day » s'inscrit dans le cadre d'un concours national intitulé « Tous ensemble avec Coca-Cola » : le lycée qui concocte le meilleur plan de distribution de cartes de réduction sur des produits Coca-Cola gagne 10 000 dollars. L'administration de Greenbrier déclare avoir sanctionné l'élève Cameron pour « comportement perturbateur et tentative de dégrader l'image de l'établissement ». Il lui est reproché d'avoir enlevé sa chemise et exhibé son T-shirt Pepsi juste au moment où ses camarades posaient pour une photo publicitaire en formant le mot *Coke* avec leurs corps. Pour sa part, Cameron prétend que tout le monde avait pu voir son T-shirt pendant tout le reste de la journée, mais que c'est seulement au moment de la photo qu'on lui a fait des problèmes. Le département marketing de Pepsi a réagi au quart de tour et aussitôt envoyé au jeune garçon une caisse de T-shirts et de casquettes Pepsi-Cola.

Comme si transformer leurs élèves en panneaux publicitaires ambulants ne suffisait pas, les établissements scolaires mettent parfois également leurs propres bâtiments à la disposition de la propagande du capitalisme américain. La colonisation publicitaire de l'espace scolaire, qu'il s'agisse des tableaux d'affichage, des toitures, des murs ou des manuels eux-mêmes, a augmenté de 539 %.

Ainsi, le district de Colorado Springs, non content de vendre son âme à Coca-Cola, a fait placarder ses bus scolaires d'annonces de Burger King, de Wendy's et d'autres chaînes de fast-food. Il a également distribué aux élèves des couvertures de livre et des agendas farcis de publicité pour Kellogg's et de photos des vedettes de Fox Television.

Après avoir décidé de refuser la publicité à l'intérieur des salles de classe, l'administration du district scolaire de Grapevine-Colleyville, au Texas, a autorisé Dr. Pepper et Seven Up à faire peindre leur logo sur le toit de deux lycées qui, comme par hasard, se trouvent juste sous la trajectoire des avions qui atterrissent sur l'aéroport de Dallas.

Non seulement les établissements scolaires cherchent à vendre des espaces publicitaires, mais ils s'intéressent à la façon dont les étudiants perçoivent les différents produits. C'est pourquoi certaines entreprises font des études de marché à l'intérieur même des salles de classe et pendant les heures de cours. L'institut Education Market Resources, qui opère dans le Kansas, signale que « les enfants réagissent spontanément et sans problème aux questions et aux suggestions » formulées en classe. Bien entendu, s'ils sont en classe, c'est précisément entre autres pour répondre à des questions, mais pas à celles posées par des instituts de marketing. On peut douter que le remplissage de formulaires d'enquête-produits soit une des principaux objectifs de l'éducation publique.

Les entreprises savent également désormais qu'elles peuvent atteindre leur cible en « parrainant » du matériel éducatif. Cette pratique a également connu une augmentation hallucinante de 1 875 % depuis 1990.

On a vu des enseignants montrer à leurs élèves une vidéo publicitaire de Shell qui leur explique que la meilleure façon de connaître les beautés de la nature est de la sillonner en 4 × 4 après avoir rempli votre réservoir à la station Shell la plus proche. Exxon Mobil offre des cours sur la faune exubérante du détroit du Prince-William, site du désastre écologique pétrolier provoqué par le naufrage de l'*Exxon Valdez*. Un manuel de mathématiques de CE2 propose aux enfants, entre autres exercices de calcul, de compter les Tootsie Rolls, une espèce de carambar. Un cours parrainé par la marque de chocolat Hershey's et intitulé « The Chocolate Dream Machine » propose des leçons de maths, de sciences naturelles, de géographie et... de nutrition.

Dans un certain nombre de lycées, le cours d'économie est gracieusement offert par General Motors. Les textes du manuel et la ligne générale du cours sont établis par le fabricant d'automobiles, et les lycéens apprennent les beautés du capitalisme et de la gestion d'entreprise à partir de l'exemple de General Motors.

Et quelle meilleure façon d'imprimer de façon indélébile un message publicitaire dans le cerveau de nos enfants qu'en installant la télévision et Internet directement dans la salle de classe ? Le marketing électronique, qui consiste pour une entreprise à fournir à des établissements scolaires des programmes ou du matériel en échange du droit de diffuser leur marque auprès des élèves, a augmenté de 139 %.

On peut citer l'exemple de ZapMe ! Corporation, qui fournit aux établissements scolaires un labo d'informatique et l'accès gratuit à un certain nombre de sites présélectionnés. En échange, les lycées et collèges concernés doivent promettre que le laboratoire sera utilisé au moins quatre heures par jour. Où est l'astuce ? Le moteur de recherche de ZapMe ! diffuse des tonnes d'annonces publicitaires à jet continu – et par ailleurs, le sponsor peut ainsi recueillir des informations sur les pratiques de navigation des lycéens et les vendre à d'autres entreprises.

Mais le summum de la perversité en matière de marketing électronique est sans doute atteint par Channel One Television. Chaque jour (eh oui, CHAQUE JOUR QUE DIEU FAIT), dans près de douze mille salles de classe, huit millions d'élèves regardent le programme d'information *et de publicité* de Channel One. Ce qui veut dire que ces enfants passent l'équivalent de six jours de classe complets par an à regarder Channel One, et ce dans 40 % des collèges et des lycées américains. Et quel volume de publicité absorbent-ils au lieu d'étudier ? L'équivalent d'une journée par an. Une opération qui coûte aux contribuables plus de 1,8 milliard de dollars.

Bien sûr, les médecins et les éducateurs sont d'accord pour dire que les enfants ne sauraient trop regarder la télévision. Et l'école peut sans doute faire une place aux programmes de télévision – moi-même je me souviens avec plaisir d'avoir contemplé les décollages d'astronautes sur l'écran du téléviseur installé dans l'auditorium de mon école primaire. Mais sur les douze minutes de programme quotidien de Channel One, seuls 20 %

sont consacrés à des thèmes politiques, économiques, sociaux ou culturels. Tout le reste est constitué par la publicité, le sport, la météo, divers sujets annexes et la propagande de la chaîne elle-même.

Channel One est diffusé de façon disproportionnée dans les établissements scolaires des quartiers défavorisés, à savoir précisément là où le budget consacré à l'éducation est le plus faible et où il y a le moins de ressources pour acheter des manuels scolaires et autres matériels éducatifs. À partir du moment où ce type de district scolaire bénéficie des largesses intéressées du secteur privé, la négligence de l'État en matière de financement de l'éducation n'est même plus mise en question.

Êtes-vous un assassin potentiel ?

Ci-dessous une liste de caractéristiques identifiées comme « à risque » par le FBI suite à la série de massacres perpétrés par des adolescents dans des lycées. Si jamais vous croisez un lycéen qui correspond à cette description, prenez le large.

- ✗ Facilement dépassé par les événements
- ✗ A accès à des armes
- ✗ Tendance à la dépression
- ✗ Consommation excessive de drogues et d'alcool
- ✗ Sentiment d'aliénation
- ✗ Tendance au narcissisme
- ✗ Accès d'humour macabre
- ✗ Passe des journées entières devant la télévision et sur Internet sans aucun contrôle.

Étant donné que chacun d'entre vous peut se reconnaître dans cette description, quittez immédiatement le lycée. Pas la peine d'étudier tout seul à domicile, car vous êtes aussi un danger pour vous-même.

Dans la plupart des cas, la seule occasion que nous ayons de mettre les pieds dans un lycée américain nous est offerte par les échéances électorales. (Il y a une certaine ironie dans le fait que nous soyons invités à participer au rituel sacré de la démocratie dans la même enceinte où deux mille élèves vivent sous l'autorité d'une espèce de dictature totalitaire.) Les couloirs de ces institutions sont pleins d'adolescents hagards qui se précipitent d'un cours à l'autre, le cerveau complètement embrumé, ne sachant pas très bien ce qu'ils font là. Ils apprennent jour après jour à régurgiter les réponses que les autorités attendent d'eux, et qu'ils ne cherchent surtout pas à se singulariser, car ils pourraient être facilement assimilés à des tueurs potentiels. Lors d'une récente visite à un lycée, des élèves m'ont demandé si j'avais remarqué que tout le monde était habillé en blanc ou dans une couleur relativement neutre. Personne n'ose plus porter du noir, ni quoi que ce soit qui puisse paraître bizarre ou les différencier en quelque façon. Ce serait la plus sûre façon de se retrouver dans le bureau du directeur et d'être confronté au psychologue du lycée qui se fera un plaisir de déterminer si le T-shirt de Limp Bizkit[1] que vous portez signifie que vous avez l'intention de décimer au fusil à pompe la classe de géométrie de Mme Nelson.

C'est pourquoi les ados apprennent à étouffer toute forme d'expression personnelle. Mieux vaut se faire tout petit si on veut s'en tirer. Mieux vaut ne pas faire de vagues, sans quoi on risque d'être jeté par-dessus bord. Ne pas contester l'autorité. Faire tout ce qu'on vous demande. Ne pas penser. Obéir.

Et n'oubliez pas de mener une existence prospère et productive en tant que participant actif et bien adapté de notre belle démocratie !

---

1 Un groupe de rock alternatif [NdT].

5

Sauve qui peut la planète !

Je souhaiterais commencer ce chapitre par une révélation. Savez-vous quel est un des plus terribles fléaux qui menacent actuellement notre environnement ?

Michael Moore.

Oui, je suis un véritable cauchemar écologique ambulant. *Je suis la mère de tous les Bhopal !*

Premier symptôme : je ne recycle pas mes ordures.

Recycler, c'est un peu comme aller à l'église : vous vous y pointez une fois par semaine, ça vous fait vous sentir bien, et vous avez accompli votre devoir. Après ça, vous pouvez retourner aux joies quotidiennes du vice et de la débauche !

Laissez-moi vous poser une question : très sincèrement, est-ce que vous avez la moindre idée de la destination finale de tous les journaux et revues que vous abandonnez au centre de recyclage, ou de toutes les bouteilles que vous empilez consciencieusement dans le conteneur de recyclage de couleur bleue ? Vous croyez qu'ils finissent dans une usine de recyclage ? Qui vous l'a dit ? Vous avez suivi le camion qui collecte vos déchets recyclables pour savoir où il les transportait ? Vous êtes-vous seulement déjà posé la question ? Ou bien est-ce que vous vous estimez satisfait d'avoir fait l'effort de séparer le verre des matières plastiques et le papier des objets en métal, en vous désintéressant de la suite des événements ?

Je ne cesserai jamais de m'étonner des réflexes moutonniers de mes congénères et de leur tendance à obéir aveuglément à l'autorité sans poser de questions. On nous dit de trier nos déchets, nous les trions benoîtement sans nous demander comment au juste ils vont être recyclés, et s'ils vont l'être. Si le conteneur est de couleur bleue, nous estimons que c'est une garantie suffisante que nos bouteilles seront broyées, fondues et qu'elles resurgiront sous la forme de nouvelles bouteilles de sauce tomate.

Eh bien nous ferions peut-être mieux d'y réfléchir à deux fois.

Un soir, en rentrant chez moi plus tard que d'habitude, j'ai pu constater que les éboueurs mélangeaient allègrement les sacs bleu céleste qui contiennent les déchets de verre avec les autres sacs d'ordure qu'ils déversaient dans le broyeur de leur camion. J'ai demandé au gardien de mon immeuble si c'était normal. Voilà ce qu'il m'a répondu :

« Ils ont tellement d'ordures à ramasser que, des fois, ils ont pas le temps de trier. »

Mais s'agissait-il d'une triste exception ou de la règle ? J'ai essayé de me renseigner, et voilà ce que j'ai découvert :

Au milieu des années 1990, des écologistes indiens ont découvert que Pepsi-Cola était en train de créer un grave problème de gestion des déchets dans leur pays. Les bouteilles plastique de Pepsi destinées au recyclage aux États-Unis étaient envoyées en Inde pour y être traitées et transformées en nouvelles bouteilles de Pepsi ou autres récipients de plastique. Mais en réalité, le directeur de l'usine Futura Industry de Madras, qui était censée effectuer l'essentiel de ce travail, avoua qu'une bonne partie des déchets plastiques transportés en Inde n'étaient nullement recyclés. Pire encore, à peu près à la même époque où cette escroquerie fut révélée au public, ladite entreprise annonça qu'elle allait ouvrir en Inde une usine destinée à fabriquer des bouteilles jetables exportables aux États-Unis et en Europe, mais que les déchets toxiques induits par cette fabrication resteraient en Inde. Ce qui signifie que, tandis que l'Inde doit supporter les conséquences écologiques et sanitaires de cette production, les consommateurs des pays développés peuvent continuer à utiliser ces produits plastiques sans en subir les effets négatifs. Et pendant ce temps, nous pataugeons béatement dans la bonne conscience, convaincus que nous préservons l'environnement grâce à notre impeccable « recyclage ».

On peut également citer le cas de ce magazine de San Francisco qui avait signé un contrat avec une entreprise de recyclage du papier. Le jour où un employé dudit journal eut la curiosité de suivre la trace de ces déchets, il constata que le papier censé être recyclé était jeté en vrac avec les emballages de hamburgers et les tasses plastique de café. Mise au pied du mur, l'entreprise de recyclage nia les faits.

En 1999, une enquête sur la destinée de la masse de déchets produits par le Congrès (je vous laisse insérer ici votre propre blague) permit de découvrir que 71 % des 2 670 tonnes de papier utilisées cette année-là par nos législateurs n'avaient pas été recyclées parce qu'ils avaient été mélangés avec des restes de nourriture et autres matériaux non recyclables. Cinq mille tonnes de bouteilles de verre, de canettes en aluminium, d'emballages de carton et autres déchets recyclables avaient également été tout simplement abandonnés dans une décharge publique sans autre forme de procès. Si le Congrès avait fait convenablement recycler tous ces matériaux, il aurait épargné près de 700 000 dollars de la poche des contribuables.

Et j'ai pu trouver des dizaines d'exemples de ce genre de pratiques de recyclage bidon. On se fiche de nous, purement et simplement.

C'est comme ça que j'ai décidé de ne plus trier mes ordures. J'en suis venu à la conclusion que mes efforts de recyclage étaient parfaitement hypocrites. Continuer à séparer consciencieusement le papier du verre et du métal n'était qu'un bon prétexte pour me croiser les bras face aux dangers qui menacent la planète. Une fois mes bouteilles et canettes déposées dans le conteneur *ad hoc*, je pouvais avoir la conscience tranquille et me convaincre que quelqu'un d'autre ferait le sale boulot. Pas vu, pas pris, à l'aise dans mes baskets, je pouvais me remettre au volant de ma camionnette dévoreuse de carburant.

Je sais que certains reprochent aux Américains d'être gâtés pourris par les sommes ridicules qu'ils déboursent à la pompe à essence en comparaison avec d'autres pays, où le carburant peut coûter jusqu'à *trois fois* plus cher. OK, mais on n'est pas non plus en Belgique, un pays qu'on peut traverser en trente-cinq minutes. Notre territoire est immense, et il faut bien qu'on se déplace ! On a des tas de trucs à faire d'un bout à l'autre du pays. Le reste du monde doit comprendre qu'il bénéficie de notre mobilité exceptionnelle. Comment voulez-vous que les Américains se rendent de leur lieu de travail diurne à leur lieu de travail nocturne – une double journée qui fait partie du phénomène global de la mondialisation néolibérale – s'ils ne sont pas motorisés ?

En ce qui me concerne, par exemple, je suis né à Flint, dans le Michigan, dite Vehicle City – à ne pas confondre avec Motor City, qui est le surnom de Detroit, à une heure au sud de chez moi. Il fut un temps où ma ville natale produisait toutes les Buick vendues dans le monde, mais cette époque de gloire est révolue.

À force d'être immergé dans une culture dominée par l'automobile, vous finissez par considérer votre voiture comme une extension de votre être. Votre bagnole, c'est votre salon de musique, votre salle à manger, votre chambre à coucher, votre salle de cinéma, votre bureau, votre bibliothèque et pratiquement le premier endroit où vous faites à peu près tout ce qui est important dans votre vie.

Quand je suis devenu adulte, j'ai décidé qu'il n'était pas question pour moi de m'acheter un véhicule produit par General Motors, essentiellement parce qu'ils tombent en panne plus souvent que moi. C'est donc non sans une certaine fierté que je me suis mis à rouler en ville en Volkswagen ou en Honda. À ceux qui me demandaient pourquoi « je n'achetais pas américain », je répondais en leur faisant ouvrir leur capot et en leur montrant la plaque MADE IN BRAZIL sur leur moteur, la mention MADE IN MEXICO sur la courroie de leur ventilateur et l'étiquette MADE IN SINGAPORE sur leur autoradio. À part l'inscription sur le tableau de bord qui laissait croire qu'il était tout entier fabriqué aux États-Unis, quelle partie de leur véhicule avait vraiment fourni du boulot à qui que ce soit à Flint ?

Ma Honda Civic n'est jamais tombée en panne. Pendant huit ans et plus de 200 000 kilomètres, je ne suis jamais entré dans un garage autrement que pour une révision de routine. Le jour où elle a rendu l'âme, j'étais au chômage, sans un radis, planté au beau milieu de Pennsylvania Avenue, à quelques centaines de mètres de la Maison-Blanche. Je me suis borné à descendre, à la pousser sur le trottoir, à enlever les plaques et à lui faire des adieux émus.

Pendant neuf ans, je n'ai pas racheté de nouveau véhicule. Étant donné que je travaillais la plupart du temps à New York, je n'en avais pas besoin, grâce à l'excellent système de transports publics de cette métropole et à ses chauffeurs de taxi efficaces. Mais comme je passais aussi pas mal de temps chez moi dans le Michigan, j'ai fini par me fatiguer de louer des voitures chez Avis, et je me suis laissé tenter par une camionnette Chrysler. Et voilà, fini l'époque où je me déguisais en sardine pour pouvoir conduire une de ces minuscules boîtes de conserve.

Le moteur à combustion interne a fait plus pour engendrer l'effet de serre que n'importe quel autre phénomène planétaire.

Près de la moitié de la pollution qui se balade dans l'atmosphère provient des saloperies que recrache votre pot d'échappement – et cette contamination fait plus de 200 000 victimes mortelles par an. L'effet de serre fait augmenter chaque année la température moyenne du globe, aggravant les risques de sécheresse dans certains pays et portant atteinte aux cultures et à la santé des humains. Nous nous rapprochons dangereusement de la catastrophe, à moins que nous trouvions un moyen de freiner le réchauffement de la planète.

Bon, mais ma camionnette est quand même un véritable petit bijou. Et quel silence à l'intérieur – enfin tant que j'ai pas poussé à fond le volume de ma super chaîne hi-fi, avec ses huit baffles d'enfer. Je peux faire plus de six cents bornes avec la musique au maximum, la clim à fond et le téléphone satellitaire branché, au cas où Rupert Murdoch m'appellerait pour me féliciter de l'excellent travail que j'ai fait en rédigeant cet ouvrage et me faire savoir que mon exécution a été repoussée à mardi prochain pour ne pas gêner la diffusion du programme spécial de *Vidéogag* consacré aux plus beaux massacres au fusil automatique dans les lycées américains.

On sait que les constructeurs de Detroit disposent de la technologie qui leur permettrait de produire des automobiles consommant moins de 5 litres au cent et des poids lourds consommant moins de 7 litres au cent. 1987, en plein mandat de Ronald Reagan, est l'année où l'industrie automobile afficha ses meilleurs résultats en matière d'économie de carburant : 9 litres au cent. Mais, au bout de huit ans de présidence de Clinton – un ami de l'environnement qui avait promis de faire passer cette moyenne à 6 litres à la fin de son mandat –, on avait *régressé* en passant à 10 litres. Il faut dire qu'en 1993 General Motors avait organisé une grande réception à Washington pour saluer l'investiture de Clinton. Je suppose qu'il n'est pas très poli de faire de la peine à des gens qui organisent une fête en votre honneur.

Le plus gros cadeau de Clinton aux trois géants de l'industrie automobile a été l'exemption des 4×4 des limites de consommation de carburant imposées aux véhicules normaux. Grâce à cette exemption, ces gros goinfres de véhicules tout-terrain consomment 280 000 barils de pétrole supplémentaires *par jour*. Cette demande supplémentaire est l'une des raisons pour lesquelles Bush veut permettre les forages dans la Réserve nationale arctique, en Alaska. George W. estime la production quotidienne potentielle de cette région à 580 000 barils par jour, ce qui permettrait de doubler le nombre des 4×4 en circulation.

Or, si Clinton avait obligé les constructeurs de 4×4 à respecter la même limite de consommation de carburant que ma camionnette (une diminution de quelques décilitres au cent), Bush n'aurait aucune justification pour saccager l'Alaska.

C'est vrai, quoi, avec tous ces 4×4, plus moyen de se sentir supérieur à la foule des autres véhicules. Ils sont si gros et si impressionnants, on dirait des mini poids lourds sous amphétamines. Et puis, vous pouvez m'expliquer à quoi ils servent au juste ? À l'origine, ils étaient censés permettre à leurs conducteurs de rouler au milieu de nulle part, là où il n'y a pas de routes carrossables. Je comprends qu'on puisse en avoir besoin quand on habite le Montana, mais à quoi ça rime, tous ces yuppies au volant de tout-terrain aux heures de pointe dans les rues de Manhattan ?

En juin 2001, un groupe de scientifiques américains de premier plan a publié un rapport signalant que l'effet de serre était un vrai problème et que la situation climatique ne faisait qu'empirer. Dans ce document, commandé par la Maison-Blanche, ces onze spécialistes (dont certains s'étaient montrés jusque-là plutôt sceptiques quant à la gravité du problème) en arrivaient à la conclusion que le réchauffement de l'atmosphère terrestre était essentiellement dû à l'activité humaine, et que les conséquences pouvaient en être fatales.

La publication de ce rapport était fort embarrassante pour Monsieur Dans-la-vie-faut-pas-s'en-faire, plus connu sous le nom de George W. Tout comme les autres membres de son administration, il avait jusque-là bien pris soin de ne jamais employer l'expression « effet de serre » et de mettre systématiquement en doute l'idée que la pollution puisse contribuer à réchauffer l'atmosphère planétaire, ou que ce réchauffement présente un danger quelconque. En juillet 2001, Bush avait également réussi à scandaliser tous ses partenaires en rejetant le protocole de Kyoto, un traité dont les termes avaient été négociés par plus de 160 pays (dont les États-Unis) et destiné à promouvoir la réduction de l'effet de serre.

Et voilà qu'une équipe de savants réunie par Bush lui-même déclarait qu'un grave péril menaçait la planète.

Bon, d'accord, après tout, peut-être que Bébé George n'a pas entièrement tort. Moi aussi, j'aime bien quand le temps se réchauffe un peu. Vu que je suis du Michigan, terre des hivers impitoyables et des étés de trois semaines, je ne peux pas faire la fine bouche à l'idée d'un climat plus « tempéré ». Demandez à n'importe qui s'il préfère une journée de chaleur écrasante à la plage ou un blizzard glacial en provenance du Canada – du genre qui vous congèle jusqu'à la glotte –, et je vous parie à 10 contre 1 que tous les Américains choisiront les lunettes de soleil et le barbecue portable dans le coffre. Bon, il faudra s'enduire de crème solaire indice de protection maximum, et alors ?

N'empêche que, l'été dernier, il s'est passé un truc que j'ai quand même trouvé un peu flippant. Le *New York Times* a signalé que, pour la première fois depuis qu'on dispose d'archives en la matière, le pôle Nord avait... *fondu*. Un plein cargo de savants débarqua au sommet du globe et constata que la glace y avait bel et bien disparu ! Cette information provoqua une telle panique que le quotidien lui apporta un correctif au bout de quelques jours : les glaces du pôle n'avaient pas vraiment fondu, elles étaient juste un peu ramollies. *Mmmouais.*

Je me souviens de la dernière fois qu'on a essayé de nous rassurer comme ça, dans les années 1990, quand on nous a informés qu'un énorme astéroïde risquait d'entrer en collision avec la Terre d'ici une vingtaine d'années. Bien entendu, ça a aussitôt été démenti, mais tous ces experts devraient savoir que nous sommes parfaitement capables d'interpréter ce genre de démenti à sa juste valeur. Les pouvoirs établis ne prendront jamais le risque de nous révéler que l'apocalypse est pour demain, vu la panique démentielle que ça provoquerait, sans parler de toutes les réservations qui seraient annulées.

On attribue la dernière ère glaciaire qu'ait connue la planète à un changement de température de seulement 5 degrés. On en est déjà à la moitié. Certains spécialistes prévoient que la température moyenne du globe pourrait augmenter de 6 degrés au cours du XXIe siècle. Quatre des six glaciers qu'abritait le territoire du Venezuela ont fondu depuis 1972. Les fameuses neiges du Kilimandjaro ne seront bientôt plus qu'un souvenir. Lors de sa construction, le phare du cap Hatteras, en Caroline du Nord, se trouvait à près de 500 mètres du rivage ; actuellement, la mer monte jusqu'à près de 50 mètres de l'emplacement originel de cet édifice, qui a dû être reconstruit à l'intérieur des terres.

La fonte des glaces polaires pourrait faire monter d'une dizaine de mètres le niveau des océans, balayant toutes les villes côtières et faisant entièrement disparaître la Floride (isoloirs inclus). Je sais bien que des agglomérations comme New York ou Los Angeles ont sérieusement besoin d'un bon nettoyage, mais trois étages d'eau salée recouvrant Manhattan, ce n'est pas exactement comme ça que je vois les choses.

Puisqu'on parle de la Floride, il faut bien dire que cet État a là aussi sa part de responsabilité. Pour quelle raison ? Demandez à Monsieur Fréon. Avant l'invention de la climatisation, la Floride et les autres États du Sud n'étaient que faiblement peuplés. La chaleur et l'humidité y étaient insupportables. C'est vrai, quoi, au Texas, quand la température atteint 38 degrés, vous avez à peine la force de remuer le petit doigt. À la Nouvelle-Orléans, l'air est si moite qu'on peut à peine respirer. Pas étonnant que les gens du Sud soient affligés de cet accent traînant qui rend leur conversation presque incompréhensible. Il fait vraiment trop chaud pour articuler correctement voyelles et consonnes. À mon avis, cette chaleur brutale et paralysante explique aussi pourquoi le Sud n'a jamais été à l'origine d'aucune grande invention, d'aucune idée nouvelle, d'aucune contribution notable au progrès de la civilisation (à quelques exceptions près : Lilian Hellman, William Faulkner et R. J. Reynolds[1]). Avec une chaleur pareille, qui peut se permettre de penser, voire de lire ?

Et puis, un beau jour, on a inventé l'air conditionné et les gens du Sud ont commencé à se mettre au boulot. Les gratte-ciel ont poussé comme des champignons et les gens du Nord, qui en avaient marre de l'hiver, ont émigré en masse. Ils pouvaient en effet désormais aller au bureau dans leur voiture climatisée, travailler toute la journée dans des locaux climatisés, étudier dans des salles de classe climatisées, etc. Après quoi, ils n'avaient plus qu'à rentrer passer la soirée dans leur maison climatisée et faire des plans pour leur prochain week-end, genre barbecue avec les voisins ou virée à la campagne avec les copains du Klu Klux Klan.

En moins de temps qu'il ne faut pour le dire, le Sud avait émergé de son sommeil et avait pris le contrôle du pays tout entier. De nos jours, c'est l'idéologie conservatrice originaire des États confédérés qui règne dans tous les États-Unis. L'affichage des Dix commandements dans les lieux publics, l'enseignement du créationnisme[2], la prière obligatoire dans les

---

1 Lilian Hellman, dramaturge, épouse de Dashiell Hammett. R. J. Reynolds est un producteur de tabac [NdT].

2 Doctrine protestante fondamentaliste qui refuse les enseignements du darwinisme et prône la vérité littérale du récit biblique de la Genèse [NdT].

écoles, l'interdiction des livres subversifs, la haine à l'égard du gouvernement fédéral (nordiste), l'appel à la diminution des services publics et de l'aide sociale, l'esprit va-t-en-guerre au moindre prétexte et le recours à la violence comme solution de tous les problèmes, telles sont les lubies favorites des législateurs originaires du « nouveau » Sud. Quand on y réfléchit bien, on se rend compte que, finalement, ce sont les Confédérés qui ont gagné la guerre de Sécession – une victoire obtenue à force de persévérance sur ces idiots de Yankees, attirés dans le Sud par la promesse de 1 500 watts et d'une glacière incorporée.

Le Sud règne désormais sans partage, et si vous ne me croyez pas, voyez un peu le résultat des quatre dernières élections présidentielles. Pour gagner, il faut désormais être du Sud ou en avoir fait son domicile. En fait, lors des dernières *dix* élections, le gagnant (ou bien le prétendant finalement couronné par la Cour suprême) a systématiquement été un candidat fermement enraciné dans le Sud ou dans l'Ouest. Plus question qu'un Nordiste accède à la magistrature suprême.

Et tout ça, nous le devons à l'air conditionné. Or, voilà qu'après avoir ouvert la voie aux politiciens du Sud et à la méridionalisation de notre environnement, les effets de la climatisation généralisée promettent maintenant d'exporter ces vents brûlants du Sud dans le monde entier à cause de l'élargissement du trou dans la couche d'ozone au-dessus de l'Antarctique, une calamité grosse comme deux fois et demie le continent européen !

La couche d'ozone présente dans l'atmosphère terrestre nous protège des rayons ultraviolets, qui provoquent des cancers potentiellement mortels. Le trou dans la couche d'ozone est dû à l'émission de chlorofluorocarbure (CFC), un produit chimique utilisé dans les climatiseurs et les réfrigérateurs, ainsi que dans les bombes aérosols. Quand ce produit se libère dans l'atmosphère et qu'il est frappé par des ondes lumineuses à fort contenu énergétique, comme la lumière ultraviolette, il engendre un composé destructeur pour la couche d'ozone. Et quelle est la source qui contribue le plus à l'émission de CFC ? Les climatiseurs d'automobile, un des compagnons de voyage préféré des Américains.

Ce qui me rappelle un autre accessoire à la mode tout à fait indispensable pour les jeunes Américains branchés : l'eau minérale. Pourquoi se désaltérer sans rien payer à un robinet ou une fontaine publique quand vous pouvez payer 1,20 $ pour le même résultat, en bénéficiant en prime d'une bouteille en plastique que vous pouvez prétendre recycler par la suite ?

Pour ma part, depuis que j'habite à New York, je n'ai pas toujours consommé de l'eau minérale. En fait, je croyais fermement en la véracité de la légende populaire selon laquelle l'eau potable de New York est une des plus pures du monde. Je savais qu'elle était collectée et stockée dans vingt-deux réservoirs à ciel ouvert dans les montagnes des Catskills et au niveau du cours supérieur de l'Hudson, et qu'elle était transportée à New York par un système d'aqueducs sophistiqué. Bref, tout cela semblait une parfaite garantie de pureté.

Mais un jour, lors d'une soirée chez des amis, un convive signala qu'il essayait « de passer le week-end en famille dans son bungalow du réservoir Croton chaque fois que c'était possible. »

Je l'interrogeai : « Vous voulez dire que votre bungalow est installé au bord de notre réservoir d'eau potable ?

– Pas vraiment *au bord*. Juste de l'autre côté de la route.

– Quoi ? Vous n'allez pas me dire que le réservoir est bordé par une route carrossable ? Et les gaz d'échappement, et les fuites de carburant, et tout le reste ?

– Oh, ils stérilisent à fond toute cette eau quand elle arrive à New York.

– Quand elle arrive à New York ! Impossible. Au moment d'arriver à New York, j'espère bien qu'elle est déjà saturée de tous les désinfectants possibles et imaginables. »

Mais mon interlocuteur poursuivi en s'extasiant sur les beautés de la navigation sur les eaux du réservoir.

« Que… QUOI ? Vous faites du bateau sur mon eau potable ?

– Mais oui, bien sûr, et on y pêche, aussi. L'État de New York nous autorise à laisser notre embarcation sur le rivage. »

De ce jour, j'ai commencé à acheter de l'eau d'Évian par cartons entiers.

Bien entendu, le côté pervers de la consommation d'eau minérale (à part que ça me coûte la peau des fesses), c'est que, tout comme les conteneurs de recyclage, ça m'évite de méditer sur l'état des réserves d'eau potable de notre pays. Tant que je vendrai assez de bouquins pour pouvoir me payer mon eau de source censément *made in France*, pourquoi me soucier des tonnes de polychlorés biphényls (PCB) que General Electric a déversées dans le fleuve Hudson ? Après tout, il y a quelques siècles, les Indiens jetaient tous leurs déchets domestiques dans l'Hudson, et les premiers colons blancs s'en servaient comme d'un égout disponible vingt-quatre heures sur vingt-quatre. Ça ne les a pas empêchés de bâtir une métropole sans rivale dans le monde !

Un autre truc super à Manhattan, c'est les steaks. Jusqu'à il y a quelques années, je crois qu'il ne s'écoulait pas une seule journée de mon existence sans que je consomme de la viande de bœuf – et parfois deux fois par jour. Et puis, un jour, je ne sais pas trop pourquoi, j'ai mis fin à cette habitude. J'ai bien passé quatre ans sans que la moindre particule bovine franchisse mes lèvres. Il faut bien avouer que ce furent aussi les quatre années les plus saines de mon existence. (*Nota* : en ce qui me concerne, quand je parle de *santé* et de régime *sain*, ça veut simplement dire : « Je suis pas mort. »)

Peut-être que c'est à cause d'Oprah Winfrey, le jour où elle a déclaré dans son talk-show, en 1996, que cette histoire de vache folle « l'avait définitivement dégoûtée des hamburgers. » Évidemment, ce n'était pas le seul danger qui menaçait Oprah : les éleveurs texans lui ont illico fait un procès (à elle et à l'ex-représentant du lobby des producteurs de viande de bœuf qui était venu sur le plateau dénoncer les dangers de la maladie de la vache folle) et réclamé 12 millions de dollars de dommages et intérêts. D'après eux, Oprah et Howard Lyman avaient violé une loi du Texas qui interdit toute publicité négative infondée contre les produits alimentaires périssables (Je vous signale que c'est Oprah qui a déclaré que la vache folle « l'avait définitivement dégoûtée des hamburgers », pas moi ; j'ai pas envie qu'on me colle un procès sur le dos.) Oprah a gagné son procès en 1998 ; et juste pour faire chier les Texans, elle ne s'est pas privée d'ajouter le commentaire suivant : « Et je ne mange toujours pas de hamburgers. »

Pour ma part, j'ai fini par craquer, et de temps en temps je me paie un brave ruminant. On aurait pourtant pu croire que j'aurais été définitivement vacciné par l'horrible aventure que j'avais vécue dans les années 1970, quand on m'avait fait bouffer du bifteck assaisonné avec un produit ignifuge.

En effet, comme des millions d'habitants du Michigan, j'ai passé une année à consommer du diphényle polybromé (PBB), le produit chimique qui sert à protéger contre les flammes les pyjamas d'enfant. Le PBB était fabriqué sous le nom de Firemaster par une usine qui produisait aussi de la nourriture pour animaux d'élevage. Un beau jour, cette entreprise mélangea accidentellement les différents sacs qui emballaient ses produits et envoya du PBB étiqueté « produits alimentaires » à un grand centre de stockage qui distribuait cette nourriture pour bétail à toutes les exploitations agricoles du Michigan. Les vaches ne tardèrent donc pas à manger du PBB, et les consommateurs à dévorer lesdites vaches et à boire leur lait saturé de PBB.

Le problème, avec le PBB, c'est que l'organisme est incapable de l'éliminer sous quelque forme que ce soit. C'est un produit qui squatte définitivement votre estomac et votre système digestif. Quand le scandale a été découvert – et l'on a appris plus tard que les autorités du Michigan avaient essayé de maintenir la chose secrète –, les consommateurs ont paniqué. Des têtes sont tombées, des politiciens ont vu leur carrière brisée, et on nous a expliqué que les savants n'avaient tout bonnement aucune idée des effets que le PBB pouvait avoir un jour sur notre organisme et qu'il faudrait sans doute attendre au moins vingt-cinq ans pour en savoir plus.

Voilà, vingt-cinq ans ont passé et le bon côté de la chose, c'est que mon estomac n'a effectivement jamais pris feu. Pour ce qui est du mauvais côté, j'attends toujours dans l'angoisse de savoir quelle surprise me réserve cette mésaventure gastronomique. Je ne peux pas m'empêcher de penser aux habitants de Centralia, en Pennsylvanie, qui vaquaient tranquillement à leurs occupations alors que des incendies souterrains ravageant une mine abandonnée faisaient rage sous leurs pieds. Eh oui, la science n'a pas réponse à tout ! Est-ce que les millions de victimes de PBB périront un jour dans les affres d'un cancer généralisé, ou bien est-ce qu'ils se contenteront de développer une forme de démence qui les amènera à voter pour un candidat incapable de gagner tout seul mais dont la campagne fera pas mal de dommages collatéraux ?

Je n'en sais strictement rien, et personne n'en sait plus que moi. Si jamais vous rencontrez un citoyen originaire du Michigan (et vous pouvez être sûr d'en trouver un dans les cinq cents mètres à la ronde, où que vous habitiez, vu la diaspora à laquelle Reagan nous a contraints dans les années 1980), parlez-lui du PBB et vous verrez une ombre passer sur son visage. C'est là le sale petit secret dont nous n'aimons guère nous entretenir.

Mais, en matière de menace bovine, ce qui nous guette désormais dépasse l'imagination. Il s'agit d'une épidémie qui ne connaît pas de frontières nationales ou régionales et qui mérite bien le sinistre sobriquet dont elle est affublée.

La vache folle.

Voilà bien la plus effrayante maladie que l'espèce humaine ait jamais dû affronter, pire que le SIDA, pire que la peste noire, pire que la mauvaise haleine.

La maladie de la vache folle est incurable. On ne connaît pas de vaccin susceptible de la prévenir. Tous ceux qui en sont affectés, sans aucune exception, meurent dans d'atroces souffrances.

Et le pire, c'est que cette maladie a été créée par l'homme. Elle est née d'un moment de folie, quand nous avons voulu transformer de pauvres vaches innocentes en créatures cannibales. Voilà son histoire.

Deux chercheurs se rendirent un jour en Papouasie-Nouvelle-Guinée afin d'essayer de comprendre pourquoi la pratique du cannibalisme provoquait chez les Papous une forme de démence. Ils découvrirent que ce dont souffraient les individus affectés était une encéphalopathie spongiforme transmissible (ou EST) que les autochtones appelaient « kuru ». Dans les cas d'EST, des protéines sans foi ni loi – les prions – se greffent aux cellules du cerveau et les déforment. Au lieu de se décomposer, comme le font les protéines bien éduquées, ces sauvageonnes s'acharnent sur votre tissu nerveux et transforment votre cerveau en véritable gruyère.

Il se trouve qu'en Papouasie-Nouvelle-Guinée c'est le cannibalisme qui a entraîné la propagation de ces prions. On ne sait pas quelle est exactement leur origine première, mais on sait qu'une fois installés dans votre organisme, ils font de terribles ravages. Certains spécialistes vont jusqu'à dire qu'une minuscule quantité de viande infectée par des prions – de la taille d'un grain de poivre – suffit à contaminer une vache. Une fois que vous avez ingéré la chair de cette pauvre bête, ces petits salauds se déchaînent comme une armée de Pac Man et prennent directement comme cible principale votre cerveau, dévorant tout sur leur passage.

Et voilà le plus incroyable : vous ne pouvez pas les tuer… *parce que ce ne sont pas des organismes vivants !*

La maladie de la vache folle a pénétré la chaîne alimentaire en Grande-Bretagne, d'abord chez des moutons, avant d'infecter des bovins qui consommaient eux aussi des aliments à base de farines animales contenant les restes broyés de leurs propres congénères. Cette viande de bœuf contaminée est ensuite parvenue jusqu'à l'assiette des consommateurs britanniques. Il s'agit d'une pathologie qui peut rester dormante pendant trente ans avant de produire ses effets macabres ; ce n'est qu'après le décès de dix jeunes gens en 1996 que le gouvernement britannique a fini par reconnaître qu'il y avait quelque chose de pourri dans les abattoirs du pays – quelque chose qu'on soupçonnait pourtant depuis une dizaine d'années.

La solution choisie par les Britanniques pour éradiquer cette épidémie a été de détruire tous les animaux suspects par crémation. Sauf que, si vous brûlez les vaches folles, cela ne fait pas pour autant complètement disparaître le problème : *les prions, je le répète, sont immortels.* La fumée et la cendre ne font que les transporter au gré du vent, et ils sont ainsi prêts à se frayer de nouveau un chemin vers nos cuisines et nos salles à manger.

Les Américains ne sont pas à l'abri de cette nouvelle maladie. Certains spécialistes estiment que près de 200 000 victimes de formes de démence attribuées à la maladie d'Alzheimer sont en fait porteuses de ces protéines meurtrières.

Depuis qu'on a découvert l'existence de ce mal, la Grande-Bretagne et de nombreux autres pays ont interdit la consommation cannibalesque de farines animales par les animaux d'élevage, et il n'est plus question de nourrir le bétail avec des déchets alimentaires d'origine humaine. La US Food and Drug Administration a fait de même, mais certains produits cannibales continuent à franchir les barrières de sécurité. Et pour ceux que tout ça n'impressionne qu'à moitié, apprenez qu'il est fort possible que nombre de médicaments et de vaccins, dont ceux contre la polio, la diphtérie et le tétanos, aient été fabriqués avec des produits potentiellement porteurs de la maladie de la vache folle.

Tant les États-Unis que la Grande-Bretagne ont été lents à réagir à ce fléau de plus en plus inquiétant. Alors si vous devez absolument consommer un steak ou un hamburger, prenez soin de les faire cuire jusqu'à ce qu'ils soient complètement carbonisés. Plus votre barbaque aura l'air d'une mince semelle de chaussure, plus vous aurez de chances de vous en tirer.

Pour ma part, j'ai décidé d'arrêter de manger du bœuf jusqu'au jour où on pourra me prouver que le PBB que je trimballe dans mes intestins est susceptible de vaporiser ces foutus parasites bouffeurs de cerveau.

J'ai même pensé à déménager en Californie et à me faire végétarien. Euh, non, attendez, finalement, pas en Californie. C'est vrai quoi, voilà encore un endroit où les catastrophes écologiques prolifèrent comme de la mauvaise herbe. Quand cet État n'est pas ravagé par des tremblements de terre, sa superficie est littéralement calcinée par des incendies incontrôlables. Et ce que le feu ne détruit pas, les glissements de terrain l'ensevelissent. Quand la Californie n'est pas victime d'une sécheresse impitoyable, elle subit les effets dévastateurs de La Niña, d'El Niño, d'El Loco ou je ne sais quoi encore. La côte Ouest n'est vraiment pas un endroit fréquentable pour nos congénères, et je suis certain qu'il n'était nullement dans l'intention de notre Mère nature d'en faire un havre pour l'espèce humaine. Écologiquement, tout y est organisé pour s'opposer à nos chances de survie. Vous aurez beau tartiner des couches de gazon sur les sables du désert et pomper les réserves d'eau du fleuve Colorado, à des centaines de kilomètres de là, vous ne pourrez pas berner Mère nature – et vous savez que quand on se moque d'elle, Mère nature fait une grosse colère.

Les Indiens ont été les premiers à s'en rendre compte. Certains chercheurs affirment que la cuvette de Los Angeles était plus polluée quand des dizaines de milliers d'Amérindiens y allumaient leurs feux de camp que sous l'effet des huit millions de véhicules qui la sillonnent aujourd'hui. Les Indiens ont fini par être étouffés par la stagnation de leur propre fumée, prisonnière des chaînes de montagne environnantes, et quand la terre a commencé à se mouvoir et à s'ouvrir béante sous leurs pieds, ils ont compris la leçon et ils ont tôt fait de déguerpir.

Mais pas les Blancs, qui restent fascinés par le rêve californien. Trente-quatre millions d'Américains – un huitième de la population des États-Unis – s'entassent sur une étroite bande de terre entre les montagnes et l'océan Pacifique. Une véritable manne pour les distributeurs d'énergie : trente-quatre millions de gogos à plumer.

Et vive les pannes de courant !

Au bon vieux temps, l'électricité de l'État de Californie était fournie par des monopoles régionaux dont les tarifs étaient établis par les législateurs de Sacramento. Et puis voilà que, dans les années 1990, la déréglementation commença à être vantée comme la solution idéale pour les entreprises du secteur énergétique qui voulaient compenser les coûts élevés de leurs investissements dans la construction de centrales nucléaires – et surtout s'en mettre plein les poches. Un des défenseurs les plus actifs de cette politique de libéralisation n'était autre qu'Enron, gros contributeur à la cagnotte électorale du Parti républicain, et à celle de George W. Bush en particulier.

La déréglementation du secteur a donc commencé en 1996, grâce à une initiative législative ficelée en à peine trois semaines et qui s'est traduite par un cadeau de vingt milliards de dollars aux compagnies d'électricité californiennes – une somme essentiellement destinée à couvrir leurs investissements désastreux des années précédentes. Pendant quatre ans, les prix ont été gelés – à un niveau supérieur à la moyenne –, mais on a également bloqué l'accès du marché à tout nouvel entrant, alors que la libéralisation est censée accroître la concurrence. De fait,

Le ranch « vert » de George W. Bush au Texas

Le président Bush ne passe pas pour un ardent défenseur de l'environnement, mais il faut bien avouer que son nouveau ranch de Crawford, au Texas, est tellement « écologiquement correct » que c'en est presque choquant. On y trouve en effet les équipements suivants :

- ✗ Un système de chauffage géothermique et un système de climatisation qui ne consomment que 25 % du volume d'électricité exigé par les équipements traditionnels.
- ✗ Un système de pompage d'une nappe souterraine d'eau située à une centaine de mètres de profondeur. C'est cette eau, conservant une température constante de 20 degrés, qui sert à chauffer la maison en hiver et à rafraîchir l'atmosphère en été. Elle est aussi utilisée pour chauffer la piscine.
- ✗ Une citerne de 95 000 litres qui collecte les eaux usées et les eaux de pluie pour irriguer les jardins du ranch.
- ✗ Son propre système de purification des eaux, l'eau domestique ainsi recyclée contribuant à la restauration de la flore locale d'origine sur les terres du domaine Bush.

aucune nouvelle centrale n'a pu être construite, ce qui fait que les Californiens ont dû recourir de façon croissante à des fournisseurs indépendants hors de leur État. Ainsi, en l'an 2000, ils ont dû à plusieurs reprises acheter leur électricité au jour le jour à des prix outrageusement élevés.

Actuellement, non seulement les consommateurs paient plus cher, mais ils sont soumis à des coupures pendant certaines heures de la journée. L'agence californienne chargée de superviser la distribution, l'Independent System Operator, a accès à environ 45 000 mégawatts, soit le volume d'électricité nécessaire pendant la période d'été, où la demande est à son maximum. Les compagnies d'électricité en retiennent près de

13 000 mégawatts en se déconnectant du réseau (pour des raisons qu'elles ne sont pas obligées de communiquer). En août 2000, le *Wall Street Journal* rapportait que le volume de cette rétention était supérieur de 461 % à l'année précédente. Et, bien entendu, cette baisse de l'offre se traduit par des hausses de prix.

En revanche, les villes où la distribution d'énergie relève encore du secteur public municipal ne connaissent pas ce genre de problèmes. À Los Angeles, et dans d'autres municipalités qui contrôlent toujours l'électricité qu'elles consomment, il n'y a pas de coupures. Quant aux autres États du Sud-Ouest et de la côte pacifique nord, ils produisent suffisamment d'énergie et ont pu tirer d'affaire la Californie en lui fournissant près de 25 % de son électricité.

Pendant que cette petite tragédie hollywoodienne battait son plein, Junior et Oncle Dick ont profité de la panique générale pour convaincre l'opinion qu'il fallait absolument construire plus de centrales nucléaires, brûler plus de charbon et forer plus de puits de pétrole. En d'autres termes, mettre un emplâtre sur une jambe de bois. Ce qui n'empêche nullement Bush de s'être fait construire sur son ranch une nouvelle demeure 100 % écologiquement correcte. Elle fonctionne entièrement à l'énergie solaire et les eaux usées y sont recyclées. Quant à la résidence officielle du vice-président Cheney, elle est équipée de tout ce qui se fait de mieux en matière d'économie d'énergie grâce à l'initiative de notre président en exil, Al Gore.

Comme quoi, les énergies propres et renouvelables, ça les branche tout à fait, sauf quand c'est pour la populace. Pour le reste des Américains, le message de la Maison-Blanche est sans ambiguïtés :

« QU'ILS SE GAVENT DE PÉTROLE ! »

« QU'ILS MANGENT DU BŒUF À VOLONTÉ ! »

6

La fin des hommes

Au début de l'année, ma femme et moi avons assisté au baptême de notre neveu Anthony. Ses parents ont demandé à notre fille adolescente d'être sa marraine, une mission qui exige d'elle qu'elle assiste Anthony aussi bien dans ses tentatives d'émettre un rot que dans son éducation de petit catholique.

C'est là que nous nous sommes rendu compte à quel point la cérémonie du baptême a changé. Au lieu d'une opération du style « vite, aspergez-moi cet avorton d'eau bénite avant que Satan ne s'empare de son âme », l'Église catholique en fait désormais un moment de joie qui illumine la messe dominicale.

À peu près à la moitié du service, le père Andy a demandé à toute la famille de se rassembler autour des fonts baptismaux tandis que le petit Anthony Proffer était immergé dans l'eau bénite, puis recouvert d'un linge immaculé. Le prêtre a alors soulevé l'enfant pour le présenter à la congrégation tout entière, qui se mit à applaudir avec enthousiasme.

Et c'était moi qui applaudissais le plus fort.

Vous savez pourquoi ? Tout simplement parce qu'Anthony était le premier GARÇON à naître dans notre famille depuis treize ans.

Treize nouveau-nés en treize ans. Onze filles et deux garçons.

Bon, évidemment, la plupart d'entre vous admettront qu'il est passablement plus facile d'élever des filles. Ce n'est pas que nous chérissions moins les petits garçons. C'est vrai, quoi, à partir du moment où on dispose d'une bonne assurance couvrant les fractures du poignet ou de la clavicule, les bris de dents et les doigts coincés dans la porte de la voiture, sans parler des frais de justice dus aux plaintes déposées par les voisins qui prétendent que votre petit chéri a essayé de mettre le feu à leur Celica « juste pour voir à quelle vitesse la peinture d'un Toyota se consume », les garçons ne sont pas plus difficiles à gérer que les petites filles.

J'ai passé ma vie entière dans des foyers où les hommes étaient nettement en minorité. Je n'ai pas de frères, mais deux sœurs admirables. Elles et leur mère ont toujours pris soin de s'assurer que je m'acquittais convenablement de tout le travail domestique traditionnellement réservé à la gent féminine, tout en accordant généreusement à mon père le droit d'assister de temps à autre, mais sans abuser, à un tournoi de golf. J'ai essayé de redresser la barre en prétendant que j'avais quand même droit à la parole vu que j'étais l'aîné, mais cela n'a fait que galvaniser la majorité féministe constituée par mes petites sœurs. À ce jour, et comme témoignage de leur fermeté de caractère, tous ceux qui font notre connaissance sont persuadés qu'elles sont plus âgées que moi et que je suis le petit junior de la famille.

Aujourd'hui, je vis avec ma femme et ma fille. Toujours en minorité. Les quelques répugnants vices masculins que mes sœurs n'avaient pas réussi à exorciser, les deux compagnes de mon existence les ont impitoyablement éradiqués. Leur dernière victoire a consisté à me dissuader de consteller le miroir de la salle de bains de dentifrice quand je me brosse les dents. Ça leur a quand même coûté dix-neuf ans d'efforts. D'après elles, la liste de mes turpitudes ne couvre désormais plus qu'une seule page, ce qui nous fait au maximum trois ou quatre habitudes odieuses à extirper : reposer ma grande gueule sur le volant quand je conduis ; laisser des taches d'encre indélébiles sur les bras du fauteuil dans lequel je m'assoupis ; ronfler (quoique, dans ce dernier cas, je ne vois guère d'autre solution que l'application énergique et « accidentelle » d'un oreiller sur mon visage et son maintien dans cette position pendant trois à cinq minutes).

À dire vrai, je ne peux pas me plaindre d'avoir vécu entouré de femmes énergiques, aimantes et intelligentes, et je n'en suis que meilleur pour cela. C'est juste que j'aurais aimé pouvoir jouer au ballon de temps en temps. Au moins une fois, quoi.

Mes parents n'ont pas de petits-fils. Mes sœurs et moi n'avons que des filles. Les parents de ma femme ont eu quatre filles et seulement deux garçons, lesquels ont engendré huit fillettes supplémentaires et seulement deux petits mâles. Les deux frères de ma femme, tout comme moi, n'ont que des filles. Je n'ai pas joué au football américain ou à un quelconque jeu tant soit peu violent depuis le lycée. C'est d'ailleurs un sacrifice que je semble être le seul à avoir remarqué dans la famille.

Ce bref aperçu de la composition démographique de ma famille n'est là que pour illustrer un phénomène beaucoup plus vaste. Réfléchissant sur cette curieuse asymétrie sexuelle, j'ai commencé à interroger les gens autour de moi et, à ma grande surprise, j'ai découvert que je n'étais pas le seul à constater la prévalence des petites filles sur les petits garçons.

Ces derniers temps, quand je prononce un discours devant un auditoire universitaire ou autre, je me permets systématiquement une petite digression qui consiste à demander aux membres de l'assistance combien d'entre eux ont constaté une nette majorité de naissances féminines dans leur propre famille. Ils sont toujours plusieurs dizaines à lever la main.

Je ne compte plus les individus qui souhaitent me confier leur secret : il y a de moins en moins de garçons. Dans certaines familles, ils semblent même être en complète voie d'extinction. J'essaie toujours de les rassurer en leur disant qu'il n'y a aucune honte à être incapable d'engendrer une progéniture de sexe masculin.

Et puis un jour, je me suis dit : c'est *quand même* bizarre.

Et c'est vrai qu'il se passe quelque chose de bizarre. L'Office national des statistiques confirme que le nombre des nouveau-nés de sexe masculin *décline tous les ans depuis 1990* ! À quoi il faut ajouter que les femmes vivent de plus en plus longtemps : quatre-vingts ans en moyenne contre seulement 74,2 pour les hommes. Il me semble que quand j'étais gosse, la proportion entre les deux sexes aux États-Unis était plus ou moins de 50-50, avec peut-être un très léger avantage pour les femmes. Aujourd'hui, les femmes sont majoritaires à 51 %. Et on n'est pas loin d'un rapport 52-48.

J'ai donc fini par en tirer la terrible mais irréfutable conclusion :

Eh, les mecs, la nature est en train de nous éliminer !

Mère nature, pourquoi une telle vindicte ? Ne sommes-nous pas les porteurs de la semence de la vie ? Qu'avons-nous fait pour mériter cela ?

Pas mal de conneries, apparemment.

Il est vrai qu'aux premiers âges de l'humanité, nous avons rempli une fonction clé et tout à fait indispensable pour la croissance de l'espèce. Nous chassions et collections la nourriture, protégions les femmes et les enfants contre les animaux féroces qui en convoitaient la chair, et contribuions à la multiplication exponentielle du nombre d'*Homo sapiens* en nous livrant à une débauche sexuelle chaotique et sans freins. Mais, depuis, les choses n'ont fait qu'empirer pour la partie mâle de l'espèce.

Les derniers siècles ont vu ce déclin s'accélérer de manière fatale. Selon notre funeste coutume, nous avons concocté toute une série d'entreprises qui n'ont engendré que des catastrophes et mis le monde sens dessus dessous. Et les femmes ? On ne peut rien leur reprocher de ce côté-là. Elles ont continué à engendrer la vie ; nous avons continué à la détruire chaque fois que c'était en notre pouvoir. Citez-moi une femme à qui serait venue l'idée d'exterminer une race entière d'être humains. En tout cas, j'en ai pas rencontré au gymnase du quartier. Et combien de femmes répandent du pétrole dans les océans ou des toxines dans nos aliments ? C'est une femme, peut-être, qui encourage la construction de 4×4 de plus en plus gros et de plus en plus gourmands ? Mmmmmouais. Faut voir…

Sur les 816 espèces animales qui ont disparu de la surface du globe depuis que Christophe Colomb a débarqué par erreur sur ce continent (cncore un mâle qui croit tout savoir et ne prendrait même pas la peine de vérifier la bonne adresse) – et dont la plupart sont nécessaires à l'équilibre de nos fragiles écosystèmes –, combien ont été annihilées par des femmes ? Bon, encore une fois, je crois que nous connaissons tous la réponse.

Si vous étiez notre Mère la nature, comment riposteriez-vous à une agression aussi brutale ? Et comment réagiriez-vous s'il vous arrivait de constater que c'est exclusivement l'un des deux sexes qui consacre tous ses efforts à vous rendre la vie impossible ? Or, on sait que Mère nature ne fait pas de cadeaux. Elle est tout simplement prête à se défendre *par tous les moyens.* Elle ne fera pas de quartiers s'il s'agit de protéger ses propres chances de survie, même si cela implique d'éliminer la moitié de l'espèce qui était justement censée couronner l'évolution naturelle.

Eh oui, Mère nature nous avait gracieusement fait cadeau de la forme d'intelligence la plus avancée, nous confiant ainsi l'avenir de la biosphère – mais voilà que l'un des deux sexes a décidé de donner une fiesta d'enfer pendant son tour de garde, et maintenant qu'elle se réveille avec la gueule de bois et de super mauvais poil, elle est furieuse contre celui qui a glissé du speed dans son verre.

Je peux vous décrire le coupable : il a une calvitie galopante, une ceinture abdominale flageolante et ne referme jamais le couvercle d'aucun récipient.

Eh oui, les gars, c'est bien de nous qu'il s'agit ; pas moyen d'échapper au juste courroux de notre Mère nature. Et on peut pas mettre ça sur le dos des femmes : c'est pas une femme qui arrosé le Vietnam au napalm, ou qui a inventé le plastique, ou qui a eu l'idée géniale d'inventer les canettes de bière jetables. Malheureusement, qu'y a-t-il derrière chaque acte de pillage et de destruction, chaque agression contre l'environnement, chaque entreprise de dévastation de tout ce qui reste de pur et de bon dans le monde ? La même main coupable, celle qui, quand elle n'est pas occupée à se procurer un plaisir égoïste, fait des heures supplémentaires pour mieux s'employer à saccager cette merveilleuse planète, ce généreux foyer qui a été confié gratuitement à l'humanité, sans qu'elle ait à payer de caution ni de garantie.

Pas étonnant que la Nature veuille se débarrasser de nous.

Si les hommes avaient le moindre sens commun, ils essaieraient de se faire pardonner en faisant amende honorable. Ce serait pourtant simple : cesser de souiller le continent arctique, ne pas laisser traîner nos ordures partout, ne plus jeter nos emballages plastique par la fenêtre de nos automobiles.

La Nature serait sans doute prête à accepter une bonne partie de nos conneries si nous avions encore une quelconque fonction vitale dans le processus naturel. Pendant des millénaires, nous possédions au moins deux attributs qui faisaient défaut à nos compagnes et nous rendaient *indispensables* à leurs yeux : (1) nous fournissions les spermatozoïdes nécessaires à la reproduction de l'espèce ; (2) nous seuls étions capables d'atteindre les étagères les plus élevées de la cuisine.

Malheureusement pour nous, un traître à son sexe a inventé la fécondation *in vitro*, qui implique que le sperme d'une poignée d'entre nous suffit à satisfaire les besoins reproductifs de toutes les femmes. En fait, on nous a même récemment fait savoir (c'est probablement une femme qui s'en est chargée) qu'un laboratoire de l'Arizona avait découvert un moyen de reproduction qui n'exigeait même pas la fécondation d'un ovule par des spermatozoïdes : il suffit maintenant d'un peu d'ADN. Si vous êtes une femme et que vous voulez un bébé, plus besoin de risquer de mourir étouffée sous le poids d'un mâle assoupi après avoir accompli son devoir conjugal. Une simple éprouvette fera l'affaire.

L'autre invention qui a sonné le glas de la population masculine est celle de l'escabeau. Je parle des escabeaux ultra légers en aluminium, si vous voyez ce que je veux dire. Quel est le salaud qui a eu cette idée de génie ? Et qu'est-ce qui nous reste comme excuse pour justifier notre présence au foyer ?

La Nature sait s'y prendre quand il s'agit de se débarrasser d'un maillon faible de la chaîne évolutive. Voilà bien ce que nous sommes devenus, des poids morts, des bons à rien. Les effets conjoints de la génétique et de trois petites planches d'aluminium s'élevant gaillardement au-dessus du plancher des vaches ont rendu notre mâle expertise aussi superflue que les magnétophones à huit pistes, les machines à écrire, les membres du Sénat, la marche à pied, les guichetiers de banque, les diplômes du premier cycle, la pilosité dorsale et la Cour suprême.

Bon, mais il faut peut-être aussi voir le bon côté des choses : on s'est quand même payé du bon temps ! Des milliers d'années de domination absolue sur l'ordre social, et on est toujours verts ! Réfléchissez un peu : pas une *seule journée* de l'histoire de l'humanité où nous n'ayons pas été du côté du manche, paradant dans notre rôle de maîtres du monde. Même l'invincible équipe des Yankees ne peut pas se targuer d'une domination aussi complète sur ses adversaires. C'est vrai quoi, nous avons beau être en *minorité*, nous avons réussi à régner sur la majorité féminine depuis la nuit des temps. Dans d'autres pays, on appelle ça l'apartheid ; chez nous, c'est tout simplement la norme. Depuis la naissance de ce pays, il y a plus de 225 ans, nous nous sommes arrangés pour qu'aucune femme ne puisse accéder aux deux magistratures suprêmes. Et d'ailleurs, elles n'ont eu accès à aucune des dignités de l'État pendant près de deux siècles. De toute façon, pendant les cent trente premières années de l'existence des États-Unis, elles n'avaient tout simplement pas le droit d'élire le président.

Et puis, en 1920, juste pour leur montrer qu'on n'était pas des mauvais bougres, on leur a accordé le droit de vote. Eh bien figurez-vous *qu'on est quand même resté au pouvoir* !

Vous vous rendez compte ? Du jour au lendemain, les femmes étaient majoritaires dans les urnes. Elles auraient pu nous éjecter à coups de pieds au cul de la scène politique, direction les poubelles de l'histoire. Eh bien pas du tout. Elles ont carrément voté pour nous ! C'est-y pas mignon ? Vous avez déjà entendu parler d'une communauté opprimée qui, par la simple vertu du nombre, finit par obtenir sa liberté et décide alors de voter en masse pour maintenir ses oppresseurs au pouvoir ? Les Noirs d'Afrique du Sud, une fois libérés, ne se sont pas précipités pour réélire leurs oppresseurs blancs. Je ne connais pas un seul juif aux États-Unis qui ait jamais voté pour des réactionnaires antisémites comme George Wallace, David Duke ou Pat Buchanan (même en Floride).

Non, en général, dès qu'ils en ont l'occasion, les gens sains d'esprit ont vite fait de montrer la sortie à ceux qui les ont asservis pendant des lustres.

Et pourtant, plus de quatre-vingts ans après l'introduction du suffrage féminin, et malgré l'influence croissante du féminisme, voilà où nous en sommes :

- ✗ Il n'y a pas eu une seule femme candidate aux fonctions de président ou de vice-président dans vingt des vingt et un scrutins qui ont eu lieu depuis 1920.
- ✗ Il n'y a actuellement que vingt femmes gouverneurs d'un État.
- ✗ Les femmes n'occupent que 13 % des sièges du Congrès.
- ✗ Sur les 500 premières entreprises des États-Unis, 496 sont dirigées par des hommes.
- ✗ Seulement quatre des vingt-quatre meilleures universités américaines sont dirigées par des femmes.
- ✗ 40 % des femmes qui divorcent entre l'âge de vingt-cinq ans et celui de trente-quatre ans finissent dans la pauvreté, alors que seulement 8 % des femmes mariées vivent en dessous du seuil de pauvreté.
- ✗ Le revenu moyen des femmes est de 24 % inférieur à celui des hommes, ce qui représente sur toute la durée d'une existence une perte d'environ 650 133 dollars.
- ✗ Pour atteindre la même rémunération annuelle qu'un homme, une femme devrait travailler en moyenne une année et quatre mois de plus que lui.

Tôt ou tard, les femmes vont finir par envisager de prendre le pouvoir et ce jour-là, on pourra faire nos prières. Après tout, le sexe fort, ce sont bien les femmes, contrairement au mythe populaire. Il suffit de citer quelques exemples :

- ✗ Nous ne vivons pas aussi longtemps qu'elles.
- ✗ Notre cerveau est moins bien conçu et rétrécit plus rapidement que celui des femmes avec l'âge.
- ✗ Proportionnellement, nous avons beaucoup plus de chances que les femmes d'être victimes de maux graves type crise cardiaque, apoplexie, ulcères et maladies du foie.
- ✗ Les hommes ont plus de chances d'être porteurs de maladies sexuellement transmissibles (et de contaminer ainsi leurs femmes ou leurs petites amies à leur insu).

- ✗ La plupart des fonctions vitales des hommes – leurs systèmes circulatoire, respiratoire, digestif et excrétif – sont nettement plus susceptibles de connaître de sérieux problèmes avant celles des femmes (quoique j'imagine que je ne vous surprends pas en parlant de dysfonction du système excrétif, vu la pleine caisse de déodorant que vous conservez sous le lavabo de la salle de bains).
- ✗ La seule chose qui dure plus longtemps chez nous que chez les femmes, c'est notre système reproductif – notre capacité de produire des spermatozoïdes –, mais notre système de livraison de la marchandise commence à avoir des ratés plusieurs années avant qu'une femme se mette à découvrir les plaisirs d'un bain chaud et d'un bon roman.
- ✗ Les hommes sont incapables de donner naissance à un nouvel être humain et de prolonger ainsi l'espèce.
- ✗ Les hommes perdent leurs cheveux.
- ✗ Les hommes perdent leur tête (et sont quatre fois plus susceptibles de se suicider que les femmes).
- ✗ Les hommes ont trois fois plus de chances de périr dans un accident que les femmes.
- ✗ Les hommes sont tout simplement moins intelligents que les femmes : les filles ont généralement de meilleures notes que les garçons à l'école primaire – et puis, il faut bien l'admettre, de ce côté-là, on ne s'améliore pas en vieillissant.

Peut-être n'y a-t-il aucune explication logique à cette différence de performance. Peut-être que, comme les bonnes sœurs nous l'ont enseigné, tout cela fait partie des desseins du Seigneur. Mais si c'est le cas, pourquoi Dieu a-t-il donné un tel avantage aux femmes ? Les bonnes sœurs doivent bien avoir leur idée là-dessus – après tout, ce sont des femmes, elles aussi. Elles connaissent les petits secrets du Tout-Puissant et elles ne vont certainement pas les dévoiler à la gent masculine.

Ce que je crois – et ce sur la base de la simple observation personnelle de la femme avec qui je vis –, c'est qu'au moment de créer l'Univers Dieu a passé six jours à concevoir la femme dans tous ses détails. C'est vrai quoi, on ne peut pas manquer d'y reconnaître le talent d'un artisan au sommet de son art. Par ses formes, ses courbes, la symétrie de son corps, la femme est un véritable chef-d'œuvre. Elle a la peau tellement douce que c'en est une perfection. Ses cheveux sont beaux, épais et pleins de vie. Je ne dis pas ça pour exciter votre libido, les mecs, c'est simplement un point de vue d'esthète désintéressé. Je crois que nous tomberons tout d'accord sur cette conclusion : les femmes sont d'une beauté stupéfiante.

Et puis au moment de créer les hommes, Il a fait quoi, Dieu ? Visiblement, Il avait épuisé tous ses meilleurs trucs pour concevoir les femmes. Quand le tour des hommes est venu, il est clair qu'Il avait hâte d'en finir et de passer à quelque chose de plus intéressant, comme ce fameux septième jour de repos.

Et c'est comme ça que les hommes ont connu à peu près le sort réservé aux Chevrolet, qui sont fabriquées à la va-vite et ne tiennent pas la route très longtemps. Ça explique pourquoi nous préférons rester vautrés dans notre chaise longue le plus longtemps possible, le seul effort de nous relever pouvant se traduire par un infarctus précoce. Nos corps sont bâtis pour soulever, transporter, tirer et lancer toutes sortes de charges, mais seulement pour une durée limitée. Et puis, bon, puisqu'il faut bien en parler, euh…, que dire de ce curieux appendice qui nous a été offert en prime ? Je vais essayer d'aborder le problème avec le plus de délicatesse possible : le plus vraisemblable, c'est que Dieu, dans sa hâte d'en finir, a ramassé une pièce superflue qui traînait dans son atelier et nous l'a cousue entre les guiboles à la va-comme-je-te pousse, vu que le résultat est pas vraiment brillant. Imaginez que vous récupériez un truc de ce genre et que vous le colliez sur un réverbère ou sur un tronc d'arbre, je suis sûr que votre première appréciation serait : « Mmmouais, c'est pas vraiment ça, hein ? » Mais à partir du moment où ça pendouille entre les jambes d'un mec, plus personne ne se pose de questions. Dans leur ressemblance avec une créature d'*Alien* raccommodée par un producteur de poulets, les organes génitaux masculins témoignent que les compétences du Créateur ont des limites, tout comme le démontrent les inondations au Bangladesh ou la dentition des Britanniques.

Face à une telle adversité, certains hommes ont tout simplement pété les plombs et décidé de riposter par tous les moyens. Vu que la Nature favorise les femmes, estiment-ils, il revient aux hommes de prendre les choses en main pour redresser la barre. En gros : si on peut rien faire pour les battre, il n'y a qu'à les battre.

Ces derniers temps, la tendance naturelle des hommes à frapper, estropier ou assassiner les femmes commence à être généralement perçue comme « politiquement incorrecte », et la législation protégeant les femmes de nos pulsions punitives a été renforcée. Mais nous savons bien que les lois servent surtout à sanctionner les coupables *après* qu'ils ont commis leur crime. Il n'est guère de législation qui ait pu empêcher les hommes de se livrer à leurs instincts répressifs à l'encontre de leurs compagnes. Les femmes sont, hélas, bien placées pour savoir que le numéro de police secours est surtout là pour pouvoir avertir les forces de l'ordre qu'elles peuvent venir avec une ambulance et un bon détachant pour nettoyer les dégâts, vu que le temps que les tribunaux ordonnent enfin une séparation de corps, l'un des corps en question risque d'accuser une rigidité suspecte.

Il est aussi des mâles doués d'un peu plus de subtilité qui recourent à d'autre moyen que le pur et simple assassinat pour redresser la fameuse barre. Ainsi, l'industrie du tabac (entièrement contrôlée par des hommes) est parvenue avec succès à convaincre les femmes de se mettre à fumer massivement au moment même où le nombre des fumeurs *masculins* est en train

Comment survivre si on met le feu à votre lit

✗ Jetez-vous à terre et rampez. Ne relevez pas la tête.
✗ Si vous le pouvez, appliquez une serviette-éponge mouillée sur votre visage.
✗ Traînez-vous en direction de la porte. Prenez soin de palper la porte avant de l'ouvrir. Si elle est brûlante, N'OUVREZ PAS. Trouvez un autre moyen de sortir de la pièce.
✗ Ayez toujours un extincteur à portée de main. Si nécessaire, rangez-le à côté du revolver sous votre oreiller. Un seau d'eau froide à proximité est également recommandé.
✗ Si vous avez l'habitude de battre votre femme, mieux vaut sans doute porter exclusivement des pyjamas ignifuges quand vous dormez. Ça pourrait bien vous sauver la vie.
✗ Appelez la caserne des pompiers de votre localité et faites inscrire votre nom sur la liste spéciale des « salauds notoires », qui dénombre tous les mâles des environs qui ont de bonnes raisons de croire que leur « bien-aimée » nourrit des pulsions meurtrières à leur encontre. Les pompiers connaîtront ainsi votre adresse à l'avance, ainsi que l'emplacement exact de votre chambre à coucher.

de décliner. Grâce à cette heureuse initiative, le cancer des poumons l'emporte désormais sur le cancer du sein comme cause de mortalité féminine. Nombre total de femmes éliminées chaque année par ce fléau : 165 000 !

Un autre moyen de parvenir aux mêmes fins, c'est de s'arranger pour refuser un traitement adéquat aux femmes victimes de maladies graves. Si vous avez besoin d'une transplantation d'organe pour survivre, vous avez 86 % de chances de plus de l'obtenir si vous êtes un homme. Les hommes souffrant de maladie du cœur ont 115 % de chances de plus de bénéficier d'un pontage que les femmes victimes de la même pathologie. Et si vous êtes une femme, votre assurance santé vous coûtera en moyenne plus cher malgré cette inégalité face aux soins.

Bien entendu, si tout ça ne suffit pas, vous pouvez toujours en revenir à l'assassinat. Ça marche la plupart du temps. Une femme a cinq fois plus de chances d'être tuée par son mari ou son amant que le contraire.

Si ça continue comme ça, on va peut-être quand même pouvoir s'en sortir.

Comment échapper à l'extinction si vous êtes un homme

Certes, notre avenir n'est pas brillant, mais nous avons tout de même quelques chances de pouvoir repousser notre déclin si nous adoptons des habitudes plus saines. Il y a beaucoup de choses que nous pouvons apprendre des femmes. Voici quelques tuyaux :

1. Tâchez de vous rappeler que votre automobile n'est pas une arme de destruction massive. Arrêtez de vous énerver parce qu'on vient juste de vous faire une queue-de-poisson. Qu'est-ce que ça peut bien faire ? De toute façon, vous arriverez chez vous à peu près à la même heure. Bon, il y a un connard qui vient de vous faire perdre quatre secondes. Et alors ? Y a pas de quoi faire un caca nerveux. Faites comme les femmes : dans une situation de ce genre, elles savent rester zen, et c'est ce qui explique leur longévité. Quand elles ont affaire à un crétin de chauffard, ça les fait tout simplement marrer. Eh oui, les mecs, il faut décompresser. On se fait du mal chaque fois qu'on s'énerve bêtement comme ça. Je sais pas, mais on dirait vraiment que vous avez un ananas coincé dans le cul. Dans la vie, faut pas s'en faire. (Sauf si vous avez VRAIMENT un ananas coincé dans le cul. Ça, oui, ça mérite qu'on se fasse du mouron.)

2. Mangez et buvez plus léger. Il faut faire un peu plus gaffe à ce que vous avalez. Mettre la pédale douce sur la bouffe et la boisson, c'est l'assurance de vivre plus longtemps. Vous avez déjà vu une femme s'empiffrer comme si c'était son dernier repas ? Bon, évidemment, on a tous rencontré des petites dames qui ont une sacrée bonne descente, mais ça les amène rarement à baisser leur pantalon et se soulager sur le trottoir. Pourquoi vous croyez qu'on est si nombreux à attraper un cancer du colon ou de l'estomac, ou à souffrir du foie ? Parce qu'on est incapables de dire poliment non à Jack (Daniels), à Johnny (Walker) ou à une livre et demie de steak à moitié cuit recouvert d'oignons frits, de piments pas très frais et d'une abondante dose de Tabasco. Essayez juste de deviner pourquoi vous avez jamais vu une femme entrer aux toilettes avec un journal.

3. Prenez du recul. Vous vivrez plus longtemps. Écoutez, les mecs, pourquoi on prendrait pas notre retraite pour laisser les femmes aux affaires ? Bon, d'accord, t'es un vieux macho réac et tu veux pas que ce soient les femmes qui mènent la barque. Mais si je te disais qu'en les laissant s'occuper toutes seules de cette centrale nucléaire qu'on voudrait bien construire à Bahreïn, ou de cette petite guerre avec la Chine, ou de savoir s'il y a vraiment penalty, on gagnerait au moins huit ans de vie supplémentaire ? Alors prenons du large et fermons-la un peu ! Ça vous fait vraiment tellement bander d'être le « patron » et d'avoir à vous occuper de tous les problèmes casse-bonbon de quelques centaines d'employés ? On a vraiment besoin de ça ? Allez, prenez un peu de recul, lâchez prise et laissez les femmes se coltiner toutes seules ce monde de dingues complètement ingérable pendant un bonne centaine de siècles. Pensez un peu à tous les bons bouquins qui vous restent à lire.

4. N'oubliez pas de vous laver les mains. Il est temps de se secouer un peu : nos petites manies personnelles sont tellement dégoûtantes qu'on s'étonne que les femmes acceptent encore de respirer le même air que nous. Si seulement on faisait un tout petit effort, on susciterait aussitôt une attitude plus compréhensive et plus affectueuse de leur part. Pour commencer, cessons de laisser traîner nos mains partout. Elles ne sont pas faites pour fourrager constamment dans les orifices les plus incongrus, narines, anus, oreilles ou nombrils. Elles ne sont pas non plus censées s'employer à arracher les pages du journal qui vous intéressent avant que votre compagne ait pu le lire, ou à aller dénicher les peaux de saucisson coincées entre vos dents, ou encore à vous racler obstinément le cuir chevelu. Cessez de vous tripoter (et de vous réajuster) l'entrejambes en public, rien d'important n'a disparu depuis votre derrière inspection, il y a à peu près une minute. N'étalez pas vos jambes de façon à occuper au moins trois sièges dans le bus ou dans le train. Portez des sous-vêtements propres – j'entends par là des sous-vêtements qui ont été lavés *au moins une fois* cette année, si possible dans une *machine à laver*, et avec de la vraie *lessive.*

5. Renseignez-vous sur le mode d'emploi d'un siège de WC. Alors là, bon, écoutez, les mecs, je croyais qu'on n'aurait plus besoin de revenir sur la question, mais la triste réalité observable dans les aéroports, les gares et les établissements de restauration rapide de cette glorieuse nation m'oblige à constater que, malgré les constantes remontrances des comiques de la télévision, *vous avez toujours pas bien saisi le truc.* Je vous propose donc un bref cours de rattrapage :

– En premier lieu, soulevez le couvercle mobile ovale et placez-le en position verticale. Ensuite, faites de même avec le siège ovale situé juste en dessous dudit couvercle. Ils conserveront automatiquement la position voulue. Ça vous permettra d'utiliser opportunément vos deux mains. C'est un peu comme pour conduire. Si votre véhicule quittait la route, vous ne seriez pas très content, pas vrai ? Eh ben c'est un peu la même chose quand vous aspergez la tapisserie, les femmes qui partagent votre foyer ne sont pas très contentes non plus.

– Pointez votre arme, visez, tirez, déposez arme, repos.
– Tendez la main et remettez délicatement le siège ovale et son couvercle en position horizontale. Il n'est pas nécessaire qu'on entende distinctement le bruit du siège entrant brutalement en collision avec la cuvette.
– Saisissez la manette argentée à gauche du réservoir et TIREZ LA CHASSE. (Cette manœuvre n'est nullement facultative, même dans des toilettes publiques.) Si le premier jet ne suffit pas, n'abandonnez pas les lieux : votre présence est nécessaire jusqu'à ce que la cuvette soit propre.
– Lavez-vous les mains. Séchez-les avec les serviettes prévues à cet effet, et pas avec votre chemise. Jetez la serviette en papier dans la corbeille ou bien, s'il s'agit d'une serviette en tissu, remettez-la à sa place (à savoir en général sur la barre de fer ou de plastique vissée dans le mur à côté du lavabo). Si vous êtes à domicile, mettez la serviette dans la machine à laver au moins une fois par semaine. Lavez-la. Remettez-la dans la salle de bains.

6. Prenez une douche au moins une fois par jour. Il ne suffit pas de vous asperger le visage d'un peu d'eau pour vous réveiller le matin. Si vos copains vous ont baptisé à la Heineken lors d'une fête un peu agitée la veille, ça ne compte pas non plus. Entrez dans la douche. Tournez la manette jusqu'à ce qu'elle soit en position intermédiaire entre CHAUD et FROID. Activez la pomme de douche pour créer l'effet d'aspersion désirée. Prenez un gant et une savonnette et frottez énergiquement toutes les surfaces de votre corps. N'INTRODUISEZ PAS ladite savonnette à l'intérieur de vos orifices corporels sous le prétexte de « les nettoyer à fond ». N'oubliez pas que quelqu'un peut en avoir besoin après vous pour se laver le visage. Rincez-vous.

Quand vous avez terminé, sortez la douche et séchez-vous en créant le moins d'inondation possible.

7. Mettez la pédale douce. Baissez la voix. Essayez d'écouter ce qu'on vous dit. Utilisez la méthode suivante : quand quelqu'un d'autre que vous a la parole, soyez attentif à ce qu'il dit. Ne fuyez pas son regard. Ne l'interrompez pas. Quand il ou elle a fini, réfléchissez un moment à ce que vous venez d'entendre. Essayez de vous taire. Observez la façon dont les propos de votre interlocuteur suscitent en vous toutes sortes de pensées, de concepts, d'idées ou d'émotions. Ça peut avoir des conséquences merveilleuses. Vous pourrez alors reprendre ces idées, vous les approprier et devenir célèbre !

8. Faites vérifier votre ouïe. Si la méthode précédente ne marche pas, il est possible que vous ayez un problème d'audition. Le mois de mai est le Mois de la santé auditive et orale ; de nombreux hôpitaux offrent des consultations gratuites d'oto-rhino-laryngologie. Lisez les annonces à ce sujet dans le journal local. Par ailleurs, la plupart des établissements offrent également des consultations gratuites à d'autres moments de l'année. Il existe également sur Internet des suggestions de tests vous permettant de savoir si vous avez besoin de consulter un spécialiste.

9. Sachez que les femmes nous ont à l'œil. Pas la peine de jouer les « nouveaux hommes », si fragiles, si sensibles et tout le tralala. Elles connaissent parfaitement le truc. N'essayez pas de convaincre qui que ce soit que vous êtes « féministe ». On ne vous croira pas, c'est pas votre équipe. C'est à peu près aussi crédible qu'un type du Ku Klux Klan chantant *L'Internationale*. Vous faites partie de cette moitié de l'humanité qui fera toujours plus de fric que l'autre et qui rencontrera toujours plus de portes ouvertes que les femmes dans la vie.

Ce qui ne veut pas dire que vous ne pouvez pas contribuer à améliorer les choses. La meilleure façon d'aider les femmes est d'aider vos congénères masculins à évoluer. C'est là qu'est le véritable combat : faire passer un peu de lumière à travers le bloc de béton qui sert de cerveau à la plupart des hommes.

Contribuez à lutter contre l'inégalité salariale en commençant par votre propre salaire. Assurez-vous que les femmes qui font le même boulot que vous sur votre lieu de travail soient payées pareil que vous. Participez à la Journée nationale pour l'égalité salariale, qui a généralement lieu début avril, ce qui correspond au moment où une femme finit par obtenir l'équivalent du salaire gagné par l'homme de janvier à décembre de l'année passée.

Et vous pouvez aussi militer pour obliger le Congrès à faire passer deux lois en faveur de l'égalité salariale. La première, le *Fair Pay Act*, permettrait aux femmes de porter plainte chaque fois que le principe « à travail égal, salaire égal » n'est pas respecté, et aux salariés d'une même entreprise de faire de même s'ils ont de bonnes raisons de penser qu'ils sont moins payés que certains de leurs collègues effectuant le même travail et ayant le même niveau de formation. La seconde, le *Paycheck Fairness Act*, garantirait des dommages et intérêts plus élevés aux plaignants et protégerait les salariés qui font circuler de l'information sur la hiérarchie salariale de l'entreprise.

Enfin, vous pouvez vous syndiquer, ou créer une section syndicale. D'après l'AFL-CIO, sur toute la durée de son existence, une femme syndiquée de trente ans gagnant 30 000 dollars par an gagne en moyenne 650 133 dollars de moins qu'un homme à un poste équivalent. Mais si en outre elle n'est pas syndiquée, c'est 870 327 dollars qu'elle perd. Par conséquent, si vous arrivez à convaincre vos collègues hommes de se syndiquer, vous améliorerez ainsi non seulement vos propres conditions de vie, mais aussi celles de vos collègues femmes.

7

On est les plus forts !

Le titre en une ne pouvait guère être plus explicite : « Toutes les nations du globe signent un accord sur le réchauffement de la planète, sauf les États-Unis. »

Et voilà, on va encore se faire des amis.

Tout le monde nous déteste, et ça n'a rien de nouveau.

D'ailleurs, les gens adorent nous détester. Et comment pourrait-on le leur reprocher ? Visiblement, il faut croire que nous détestons nous-mêmes, sinon on ne s'explique pas pourquoi notre « président » est George W. Il est une époque où sa tête aurait été plantée au bout d'une pique sur un des ponts du Potomac. Au lieu de quoi il se pavane dans le monde entier en prétendant qu'il a été « élu » par le peuple américain, et nous passons tout simplement pour des crétins. Le monde entier se rit de nous, au lieu de rire avec nous.

C'est quand même pathétique. Après tout, il n'y a pas si longtemps, les choses n'allaient pas si mal pour nous du point de vue international, et ce pour la première fois depuis longtemps.

Nous avions réussi à parrainer la paix en Irlande du Nord. Nous avions réussi à convaincre les parties belligérantes en Israël et dans les Territoires occupés de s'asseoir autour d'une table et de faire taire leurs instincts belliqueux (et pour la première fois, les Palestiniens avaient obtenu un bout de territoire qui leur appartienne). Nous avions fini par reconnaître l'existence du Vietnam, même si nous nous refusons toujours à présenter des excuses pour avoir massacré trois millions de Vietnamiens. Il est vrai que les Allemands ont mis la barre particulièrement haut, et il manque plusieurs millions à notre score. La pression des États-Unis avait permis la libération de Nelson Mandela et la transition à la démocratie en Afrique du Sud, qui se traduisit par l'élection du grand dissident noir à la présidence.

Et pour finir, nous avions permis à un père cubain de récupérer son petit garçon ; c'était bien la première fois que notre politique étrangère dans la région n'était pas définie par une poignée de cinglés résidant à Miami.

Oui, vraiment, tout allait presque pour le mieux dans le meilleur des mondes pour l'Oncle Sam, jusqu'au jour où ce plouc qui n'avait jamais traversé un océan dans sa vie s'est installé comme chez lui au 1600 Pennsylvania Avenue.

Pendant les premiers quatre mois de son mandat, voilà comment George W. Bush a traité le reste du monde :

- ✗ Il a renié notre accord avec l'Union européenne sur la réduction des émissions de dioxyde de carbone.
- ✗ Il a inauguré une nouvelle guerre froide, avec la Chine cette fois, suite à un incident où un avion espion américain avait abattu un avion chinois et tué son pilote.
- ✗ Il a laissé s'effondrer le processus de paix au Moyen-Orient, ce qui s'est traduit par une explosion du nombre des victimes israéliennes et palestiniennes.
- ✗ Il a engagé une nouvelle guerre froide avec la Russie en signalant son intention de ne plus respecter le traité ABM sur les missiles antibalistiques.

- ✗ Il a menacé de réduire unilatéralement la présence de nos troupes de maintien de la paix en Yougoslavie, au risque d'une nouvelle explosion de violence ethnique dans la région.
- ✗ Il a remis en question les accords internationaux sur les droits de l'homme, ce qui a entraîné l'expulsion des États-Unis de la Commission des droits de l'homme de l'ONU.
- ✗ Il a bombardé des civils en Irak, exactement comme Papa.
- ✗ Il a décidé de renforcer la lutte contre la drogue en Amérique du Sud, suite à quoi les Colombiens ont abattu un avion plein de missionnaires américains. Entre les victimes, on compte une mère de famille du Michigan et son enfant.
- ✗ Il a mis fin à tout espoir de réduire les tensions avec la Corée du Nord. Avec ça, non seulement les Coréens vont continuer à mourir de faim, mais Kim Jong-il ne rendra jamais le stock de cassettes vidéo qu'il a empruntées à Blockbuster.
- ✗ Il s'est mis à dos pratiquement le monde entier en annonçant qu'il était fermement résolu à construire le système de défense antimissiles délirant connu sous le nom de « Guerre des étoiles ».

Et tout ça a été accompli en moins de cent vingt jours, au beau milieu d'une frénésie non moins destructrice en matière de politique intérieure (voir notre chapitre « Mon cher George »). Après ça, on ira pas dire que Junior est un feignant, il nous a donné la preuve de son ardeur au travail.

Suite à quoi le monde entier nous déteste à nouveau. Voilà qui nous ramène en terrain familier.

Cela dit, c'est tout de même sacrément dommage. C'est vrai quoi, c'était quand même chouette de voir les étrangers nous trouver sympas pour une fois. Grâce au charme personnel de Clinton, on nous pardonnait bien des conneries, et plus personne ne faisait trop gaffe aux méfaits de nos multinationales dans le tiers monde quand elles exploitaient le travail des enfants ou distribuaient à bon marché des produits reconnus comme

Une journée ordinaire dans la vie du « président » des États-Unis

8 h 00 : POTUS (POTUS = President of the United States) se réveille et vérifie qu'il est encore à la Maison-Blanche.

8 h 30 : petit déjeuner au lit. Donald Rumsfeld lui lit l'horoscope et la bande dessinée du jour.

9 h 00 : le « coprésident » Dick Cheney fait son entrée et aide George à s'habiller. Il lui fait un bref exposé sur la situation au Yémen et lui rappelle de ne pas oublier de ses laver les dents.

9 h 30 : POTUS pénètre dans le Bureau ovale et salue sa secrétaire.

9 h 35 : POTUS quitte le Bureau ovale et se rend au gymnase de la Maison-Blanche pour y faire un peu d'exercice.

11 h 00 : massage et pédicure.

12 h 00 : déjeuner avec le président de la Fédération de base-ball. Toujours pas de boulot en vue pour George de ce côté-là.

13 h 00 : petite sieste.

14 h 30 : séance de photos avec l'« équipe du jour » de deuxième division.

15 h 00 : retour au Bureau ovale pour un échange de vues avec quelques législateurs.

15 h 05 : fin de la réunion. Déclaration des législateurs à la presse : « Notre réunion avec le président a été très fructueuse. Le président nous a conseillés de "faire passer quelques projets de loi", après quoi nous avons improvisé un petit match sur la pelouse de la Maison-Blanche. »

15 h 10 : Cheney briefe POTUS sur la politique énergétique du gouvernement et lui rappelle d'envoyer quelques « brèves lettres de remerciements » aux P-DG des compagnies pétrolières.

15 h 12 : POTUS demande à examiner une carte du monde. Il a l'air un peu surpris : « Je me rappelai pas que c'était si grand que ça. »

15 h 40 : POTUS a mémorisé pas moins de 191 capitales en moins d'une demi-heure.

15 h 44 : POTUS donne un coup de fil au Premier ministre de Roumanie, « juste pour voir » ; il le met au défi de citer la capitale de la Birmanie ; le Premier ministre roumain éprouve certaines difficultés à saisir les propos de POTUS qui lui parle en espagnol.

15 h 58 : POTUS accepte un appel en PCV en provenance de la prison d'Austin. Une des filles de POTUS a été arrêtée pour avoir profané un portrait de POTUS ornant les murs de la résidence du gouverneur du Texas. POTUS déclare qu'il s'agit sans doute d'une erreur de connexion en imitant habilement la voix et l'accent d'une femme mexicaine, puis raccroche. Après quoi il ajoute en aparté : « C'est bien la fille de son père. »

16 h 00 : fin de la journée de travail. POTUS se retire dans ses appartements pour une « petite sieste vespérale ».

18 h 00 : dîner officiel avec des chefs d'État africains. POTUS explique à Cheney qu'il n'a « pas la tête à ça, vu qu'en ce moment je broie du noir, ah ! ah ! ah ! ». POTUS demande à son coprésident d'assister au dîner à sa place.

18 h 05 : POTUS va faire quelques brasses dans la piscine présidentielle.

19 h 00 : POTUS appelle son ranch du Texas pour parler avec Laura. « C'était juste pour avoir des nouvelles. »

19 h 02 : POTUS se rend à la salle de projection de la Maison-Blanche ; il se paie une nième séance de *Président d'un jour* ; s'endort au milieu du film.

20 h 30 : Cheney réveille Bush, l'accompagne jusqu'à sa chambre, le borde tendrement et lui souhaite bonne nuit. Co-POTUS retourne au rez-de-chaussée et renoue le cours de ses réflexions sur la meilleure façon de détruire la planète Terre.

toxiques aux États-Unis, sans parler de tous les navets encore plus navets de Hollywood que nous exportons à tour de bras.

En fait, Clinton s'est souvent livré au même genre de méfaits que Bush, mais il évitait de le clamer sur tous les toits. Clinton était vraiment un mec cool, tellement cool que, parfois, on ne savait même pas ce qu'il avait derrière la tête. Il projetait une image tellement positive des États-Unis qu'on pouvait tranquillement voyager autour du monde sans craindre qu'une foule enragée se mette à nous courir après pour nous faire passer un très mauvais quart d'heure.

Mais désormais, grâce à la politique étrangère style Rambo de Bush, il est devenu beaucoup plus difficile d'expliquer pourquoi les 4 % d'habitants les plus arrogants de la planète devraient posséder plus du quart des richesses du globe. Si nous ne faisons pas un peu plus gaffe, tous ces métèques présomptueux vont finir par croire qu'ils ont droit eu aussi à leur villa avec piscine. Et tous les mauvais esprits qui abondent dans les pays opprimés finiront par s'apercevoir que la fortune des trois personnes les plus riches des États-Unis équivaut à elle seule à la totalité des revenus de la population des soixante pays les plus pauvres.

C'est vrai quoi, imaginez un peu que les masses grouillantes d'Asie, d'Afrique et d'Amérique latine s'avisent de considérer que le milliard d'habitants de cette planète qui n'ont pas accès à une source d'eau potable ont le droit d'exiger ce confort minimal. Vous savez combien ça coûterait ? Au moins 25 % du coût du programme « Guerre des étoiles ».

Sans parler des 30 % de nos congénères qui n'ont toujours pas l'électricité. Et si, tout d'un coup, ils se mettaient dans la tête qu'ils ont besoin d'une lampe de chevet pour lire tranquillement un bon bouquin avant de s'endormir ? Je vous dis pas la facture.

Mais ce qui me fait le plus flipper, c'est l'idée que 50 % des habitants de la planète n'ont *jamais donné un coup de téléphone* dans toute leur existence ! Qu'est-ce qui se passerait s'ils se mettaient tous à appeler leur maman le jour de la Fête des mères, ou s'ils encombraient les lignes avec leurs commandes de pizzas à domicile ? Ils sont pas au courant qu'il n'y a plus assez de numéros disponibles ?

C'est vraiment pas la peine de leur donner des raisons supplémentaires d'avoir les boules, ils nous en veulent déjà assez comme ça, et ce grâce aux exploits de Bush. Et en plus, on a d'autres chats à fouetter.

Prenez la Russie, par exemple. Qui a eu l'idée de génie, *il y a quinze ans*, d'ignorer l'offre faite par les Russes de mettre *toutes* les armes nucléaires au pilon ? A-t-on oublié qu'ils étaient alors prêts à proposer le désarmement unilatéral ? Dès 1986, avant même la fin de l'Union soviétique, au sommet de Reykjavik, Mikhaïl Gorbatchev avait proposé l'« élimination définitive des armes nucléaires pour l'an 2000 ». (Il n'a pas réussi à s'entendre sur ce point avec Reagan parce que ce dernier n'était pas prêt à renoncer au projet de – vous avez deviné – Guerre des étoiles.) Vu que Reagan était un peu dur d'oreille, Gorbatchev a réitéré son offre à Bush père en 1989 : « Pour maintenir la paix en Europe, nous n'avons pas besoin de plus de dissuasion nucléaire, mais de plus de contrôle des armements. La meilleure solution serait d'éliminer toutes les armes nucléaires. »

À l'époque, nous venions de vivre près de quarante ans sous la menace constante de l'annihilation nucléaire. Et puis voilà qu'un beau jour les cocos ont fait leur valise et la Guerre froide était terminée. On se retrouvait avec plus de vingt mille têtes nucléaires sur les bras, et les Russkofs en avaient trente-neuf mille derrière les fagots. Il y avait là de quoi faire péter la planète tout entière plus de quarante fois.

Mon impression, c'est que la plupart des gens de ma génération ont grandi en étant convaincus qu'il n'y avait probablement aucun moyen d'échapper à l'éventualité d'un « accident » nucléaire qui mettrait fin à notre existence. Il n'y avait rien à y faire ; avec ces milliers de missiles prêts à être lancés à la moindre alerte, il était pratiquement inévitable qu'un cinglé appuie un jour sur le bouton, ou qu'une attaque généralisée soit provoquée par un malentendu, ou encore qu'un terroriste s'empare des commandes et déclenche lui-même le feu d'artifice. Nous vivions dans une atmosphère de panique latente qui affectait l'entièreté de notre comportement en tant que nation. Et pour dissiper cette peur omniprésente, nous avons dépensé des milliers de milliards de dollars à construire *encore plus* d'armes de destruction massive.

En dépensant l'argent des contribuables pour financer toutes ces têtes nucléaires inutiles que nous espérions n'avoir jamais à utiliser, nous avons complètement négligé d'améliorer l'éducation et la santé de nos compatriotes, et plus de la moitié de nos chercheurs se sont retrouvés à travailler pour l'armée au lieu de d'élaborer des thérapies contre le cancer ou d'inventer la prochaine grande technologie susceptible d'améliorer notre qualité de vie.

Les 250 milliards de dollars que le Pentagone entend consacrer en 2001 à la construction de 2 800 nouveaux avions de combat *Joint Strike Fighter* suffiraient largement à payer les frais d'éducation de tous les étudiants américains de premier cycle.

Les propositions d'augmentation du budget militaire pour les quatre prochaines années se chiffrent à 1 600 milliards de dollars. D'après l'Office de la comptabilité nationale, la somme nécessaire pour rénover l'ensemble des établissements scolaires des États-Unis est de seulement 112 milliards de dollars.

Si nous décidions de ne pas construire tous les avions de combat F-22 supplémentaires que l'armée de l'air réclamait pendant la Guerre froide (et que Clinton, puis Bush ont insisté pour financer), les 45 milliards de dollars ainsi économisés permettraient de financer tous les programmes de soutien scolaire aux enfants défavorisés *pendant six ans.*

Au milieu des années 1980, un autre événement remarquable se produisit. Gorbatchev annonça que l'Union soviétique abandonnerait tout projet de test de nouvelles armes nucléaires et mit Reagan au défi de faire de même. En outre, Gorbatchev déclara qu'il adopterait cette politique quelle que soit la réponse des États-Unis. C'était là une proposition sans précédent – et il existe sans doute très peu d'Américains qui s'en souviennent aujourd'hui. C'était la première fois qu'on nous donnait l'espoir concret que, après tout, nous puissions vraiment survivre à l'ère nucléaire sans être réduits en poussière.

La délirante course aux armements que *nous* avons initiée et à laquelle les Russes se sont sentis obligés de participer a fini par contribuer à la banqueroute de l'Union soviétique. À l'époque où les Soviétiques construisaient leur première bombe A, en 1949, les États-Unis en possédaient déjà 235. Dix ans plus tard, nous avions 15 648 armes nucléaires : les Russes se traînaient loin derrière avec « seulement » 1 060. Mais, durant les deux décennies suivantes, ils dépensèrent des milliards de dollars en armement – alors que leur population arrivait à peine à se chauffer – et ils finirent effectivement par nous rattraper. En 1978, ils pouvaient se vanter de posséder 25 393 têtes nucléaires. De notre côté, nous avions l'eau courante, Stevie Nicks[1] et 24 424 têtes nucléaires.

Gorbatchev hérita d'un pays en faillite et d'une population mal nourrie dont le plus grand désir était de pouvoir acheter un jour un rouleau de papier hygiénique.

Mais, en 1989, même au bord de l'effondrement, l'Union soviétique possédait pas moins de 39 000 têtes nucléaires, un chiffre vraiment incroyable. Le Pentagone ne s'en faisait pas pour autant et nos militaires se contentaient parfaitement de leurs misérables 22 827 joujoux atomiques. Ne s'agissait-il pas en fait d'entraîner les communistes dans une telle spirale de misère que la population finirait par se révolter ? Gorbatchev, qui soupçonnait quelque chose de ce genre, finit par jeter l'éponge – mais il était trop tard. Vers la fin de l'année 1991, l'Union soviétique n'était plus.

Dans l'euphorie du moment, les nouveaux dirigeants russes et ukrainiens, désireux de se distancer du passé, lâchèrent des

1 Une chanteuse de rock FM fadasse, ex-membre des Fleetwood Mac [NdT].

vols de colombes et tendirent force rameaux d'olivier aux Américains. Les Ukrainiens déclarèrent abandonner complètement la course aux armements et désarmèrent aussitôt leurs têtes nucléaires. Les Russes déconnectèrent tous les missiles qui avaient pour cible des villes américaines et proposèrent aux États-Unis l'élaboration d'un plan conjoint d'élimination définitive des armes nucléaires.

Et quelle fut notre réponse à cette offre incroyable et sans précédent ?

Que dalle.

Ça n'a pas découragé les Russes. Ils ont attendu patiemment que nous leur donnions une réponse positive. Et ils ont continué d'attendre, convaincus que nous finirions par percevoir tout l'intérêt de leur généreuse initiative.

Ils espéraient aussi que nous ferions preuve d'un minimum de compassion et que nous leur enverrions un peu de nourriture, quelques machines de modèle récent, un petit stock d'ampoules électriques, enfin, n'importe quoi qui puisse les aider à sortir de leur misère. Ils comptaient sur nous pour faire le même effort d'aide et de reconstruction que nous avions accompli à l'égard de l'Europe de l'Ouest à la fin de la Seconde Guerre mondiale, et qui avait garanti à cette région du monde plus de cinquante-cinq ans de paix sans interruption, une durée sans précédent dans son histoire.

Eh oui, les Russes envisageaient un avenir meilleur, non seulement pour eux mais pour le monde entier.

Bon, vous connaissez la suite. Des nèfles. Nous les avons laissés se débattre dans leur caca pendant que la mafia russe prenait le pouvoir. Le peuple russe est devenu de plus en plus frustré et désespéré. Le preux chevalier qui devait les sauver n'est jamais apparu. On n'entendait parler que de pénuries, d'effondrement des infrastructures, et le prolétariat continuait à bouffer de la merde. Leur nouveau président, Boris Eltsine, s'avéra n'être qu'un pitoyable ivrogne, et vu qu'ils n'avaient pas envie de transformer leur pays en colonie de travail forcé au service des multinationales américaines (comme l'avait fait la Chine), les flots de dollars attendus se firent désirer indéfiniment. Le pouvoir tomba donc aux mains de faucons issus des secteurs les plus rétrogrades de la scène politique russe, et l'opportunité d'éliminer les vingt-cinq mille têtes nucléaires toujours opérationnelles restantes disparut de l'horizon.

Les nouveaux dirigeants russes parlent désormais de construire *encore plus* d'armes et même d'en vendre à l'Iran et à la Corée du Nord.

C'était la chance de notre vie – en finir avec la folie de la course aux armements et nous faire un nouvel allié –, et nous l'avons laissé passer. En moins de temps qu'il n'en faut à Raspoutine pour fouiller dans le sac à main de Monica Lewinsky, cette occasion de forger un nouvel ordre mondial s'était dissipée.

Boris Eltsine contre les jumelles Bush

Je suis convaincu que les deux filles de George W. peuvent en remontrer à n'importe lequel de ces Russkofs en matière de consommation de spiritueux. Il suffit de comparer leur bilan avec celui d'Eltsine.

JUMELLES BUSH : prises en flagrant délit d'ivrognerie dans un night-club d'Austin.

ELTSINE : pris en flagrant délit d'ivrognerie à un sommet du G-7.

JUMELLES BUSH : ont fait sortir un de leurs petits amis de prison avec l'aide des services secrets.

ELTSINE : a recours à une voiture du KGB pour aller acheter de la vodka.

JUMELLES BUSH : arrêtées pour avoir falsifié leur identité en vue d'acheter de l'alcool.

ELTSINE : jamais arrêté. Utilise de faux prétextes pour pouvoir s'enivrer.

Parlons-en, de Monica Lewinsky. C'est comme ça qu'on a passé la seconde moitié des années 1990 complètement obsédés par une tache de sperme sur une robe bleue. Nos législateurs ont entièrement négligé des questions aussi insignifiantes que la possibilité d'éviter l'annihilation nucléaire de la planète pour se concentrer sur un thème absolument vital : comment le chef des armées avait procédé au juste pour introduire un cigare dans l'orifice vaginal d'une stagiaire. Voilà ce qui a retenu notre attention passionnée, mis à part quelques énigmes criminelles irrésolues et les escapades érotiques de Hugh Grant. Nous avions la possibilité d'offrir la sécurité au monde entier pour plusieurs générations, mais nous étions trop occupés à participer à l'orgie financière de Wall Street. C'est le genre de choses qui arrive à un pays de bons à rien et d'escrocs désireux de rester aussi allègrement ignorants que possible de ce qui se passe au-delà de la pelouse de leur pavillon de banlieue. Après tout, c'est nous les leaders du monde libre.

Mais il n'y a pas de quoi désespérer. Parmi les vingt pays les plus développés, les États-Unis sont le numéro un absolu dans tous les domaines suivants :

Numéro un pour le nombre de millionnaires.

Numéro un pour le nombre de milliardaires.

Numéro un en matière de dépenses militaires.

Numéro un pour le nombre de victimes d'armes à feu.

Numéro un en matière de production de viande de bœuf.

Numéro un en matière de consommation d'énergie par habitant.

Numéro un en matière d'émission de dioxyde de carbone (à nous tous seuls, nous en laissons échapper dans l'atmosphère plus que l'Australie, le Brésil, le Canada, la France, l'Inde, l'Indonésie, l'Allemagne, l'Italie, le Mexique et le Royaume-Uni pris ensemble).

Numéro un pour le volume d'ordures municipales par habitant (720 kilos par an et par personne).

Numéro un pour le volume de déchets toxiques (nous en produisons vingt fois plus que l'Allemagne, notre principal concurrent en la matière).

Numéro un en matière de consommation de pétrole.

Numéro un en matière de consommation de gaz naturel.

Numéro un pour le faible volume des recettes de l'impôt sur le revenu (en pourcentage du PIB).

Numéro un de l'avarice en matière de dépenses publiques (en pourcentage du PIB).

Numéro un en matière de déficit budgétaire (en pourcentage du PIB).

Numéro un en matière de consommation de calories par jour et par personne.

Numéro un en matière d'abstention électorale.

Numéro un du bipartisme absolu et exclusif.

Numéro un pour le nombre de viols (presque trois fois plus que le Canada, notre principal concurrent en la matière).

Numéro un pour le nombre de morts et de blessés à l'occasion d'accidents de la route (presque deux fois plus que le Canada, notre principal concurrent en la matière).

Numéro un pour le nombre de mères célibataires de moins de vingt ans (là aussi, deux fois plus que le Canada, et presque deux fois plus que notre principal concurrent, la Nouvelle-Zélande).

Numéro un pour le nombre d'accords internationaux sur les droits de l'homme que nous avons refusé de signer.

Numéro un parmi les nations démocratiques représentées aux Nations unies ayant refusé de ratifier la Convention sur les droits de l'enfance.

Numéro un pour le nombre d'exécutions judiciaires de mineurs.

Numéro un pour le nombre de mineurs de moins de quinze ans susceptibles de mourir victimes d'une arme à feu.

Numéro un pour le nombre de mineurs de moins de quinze ans susceptibles de se suicider avec une arme à feu.

Numéro un pour la médiocrité du niveau de nos élèves de quatrième en mathématiques.

Numéro un de la pauvreté infantile, dans la mesure où nous sommes la première société dans l'histoire où le segment le plus pauvre de la population sont les enfants.

Réfléchissez un peu à la signification de cette liste. Ne sentez-vous pas votre poitrine se gonfler d'orgueil à l'idée que nous autres, les Américains – *et rien que nous autres* –, sommes capables d'occuper la première place dans un si grand nombre de domaines ? Ça rappelle un peu l'époque où l'Allemagne de l'Est raflait toutes les médailles aux jeux Olympiques. Et ce n'est pas un succès facile, les gars. Ça vaut bien une accolade de félicitations et une nouvelle réduction d'impôts pour les riches.

Dans le but de démontrer un peu plus d'empathie à l'égard des 191 autres pays du monde, je souhaiterais offrir quelques suggestions quant à la meilleure manière de promouvoir la paix mondiale. Très modestement, j'ai choisi d'intituler cette rubrique « Le Plan de Paix Global de Mike ». De mon humble point de vue, on est tous dans le même bateau, il n'y a d'exception pour personne, et personne ne risque de se faire débarquer en marche. Alors, que ce soit pour des raisons de principe ou parce que nous n'avons pas envie de voir proliférer les Ben Laden dans nos aéroports, il est temps de contribuer à régler les problèmes les plus brûlants de la planète.

Pour commencer, je m'occuperai du Moyen-Orient, de l'Irlande du Nord, de l'ex-Yougoslavie et de la Corée du Nord.

La Terre sainte

C'est quand même pas mal, comme petit nom – la Terre sainte –, pour un endroit qui peut se vanter d'un bilan de mauvaises actions plus impressionnant que la section VIP du septième cercle de l'enfer.

En janvier 1988, juste quelque mois après le début de la première *intifada* palestinienne, j'ai effectué avec quelques amis un voyage en Israël et dans les Territoires occupés pour constater par moi-même de quoi il retournait.

Moi qui connaissais pourtant déjà des régions tourmentées comme l'Amérique centrale, la Chine, l'Asie du Sud-Est et d'autres pays du Moyen-Orient, je dois dire que je n'étais pas vraiment prêt à digérer le spectacle des camps de réfugiés palestiniens. Je n'avais jamais été témoin d'une situation aussi sordide et aussi humiliante. Obliger des êtres humains à vivre dans de telles conditions, et ce à la pointe du fusil, et pendant plus de quarante ans, voilà bien le comble de l'absurdité.

J'ai toujours été profondément ému et scandalisé par la quantité d'oppression et de malheur que le peuple juif a dû endurer au cours de son histoire. Il n'existe pas de groupe humain qui ait eu à subir tant de massacres et de tortures, et ce en raison d'un fanatisme antisémite qui a sévi non pas seulement pendant des siècles, mais pendant des *millénaires*.

Ce qui me choque le plus, ce n'est pas la nature de cette haine – après tout, les conflits ethniques font partie de la vie –, mais la constance avec laquelle elle s'est transmise de génération en génération pendant des milliers d'années. Pourtant, la haine n'est pas une montre en or, vous n'êtes pas censé pouvoir la laisser en héritage à vos descendants. Peut-être bien que mon arrière-arrière-arrière-grand-père détestait les Canadiens ou les presbytériens, mais, pour ma part, je serais bien en peine d'en savoir quoi que ce soit. Et pourtant, la haine des juifs a traversé les siècles, tout comme une langue, une chanson populaire ou une tradition orale, et s'est transmise à tant de peuples. Normalement, les êtres humains sont capables de mettre au rebut les idées fausses. « La Terre est plate », vous vous souvenez de ça ? Ça fait quand même six cents ans qu'on a laissé tomber cette connerie ! Même chose pour l'histoire comme quoi la Création aurait duré du lundi au samedi soir, ou comme quoi les œufs seraient mauvais pour votre cholestérol. Alors pourquoi les gens ne sont pas devenus plus malins et n'ont pas mis au rancart leurs délires antisémites au même titre que leurs chaussures à plate-forme et leurs pantalons à pattes d'éph'?

Pour ce qui est des Palestiniens, il y a un facteur supplémentaire qui complique passablement les choses. Le problème avec les humains, c'est que, quand on les maltraite, ils ont souvent tendance à maltraiter leurs semblables par la suite. Pas étonnant que les enfants victimes de violences parentales finissent eux aussi plus tard par être violents avec leurs propres enfants. Après que les Américains ont abreuvé de bombes un peuple aussi pacifique que les Cambodgiens, qui avaient su rester neutres dans le conflit vietnamien, en faisant des centaines de milliers de victimes parmi la population civile, on n'aurait pas dû trouver tellement surprenante l'hécatombe qui a suivi aux mains des Khmers rouges. Après que l'Union soviétique a perdu plus de vingt millions d'habitants pendant la Seconde Guerre mondiale, il n'est pas très étonnant non plus qu'elle ait cherché à se prévenir contre toute agression ultérieure en imposant sa domination à presque tous les pays avec lesquels elle partageait une frontière.

Parfois, les gens pètent complètement les plombs face à l'oppression et prennent des mesures excessives et totalement irrationnelles pour se défendre.

Je n'essaierai pas de savoir si la création de l'État d'Israël était ou non légitime, ou si les revendications historiques ou bibliques sur la terre de Palestine ont un sens. Ce qui m'intéresse, c'est la situation actuelle, à savoir le double massacre qui se perpétue au nom de la haine inexpiable des Palestiniens envers les Israéliens et de l'oppression aberrante des Palestiniens par les Israéliens.

Il est vrai que les Palestiniens sont également opprimés dans les autres pays arabes, où ils n'ont pas le droit de voter ou d'accéder à la propriété et sont traités comme des citoyens de deuxième classe et des pions dans la lutte contre Israël. Mais c'est là une situation à laquelle vous et moi ne pouvons pas faire grand-chose, vu que nous ne faisons pas cadeau de trois milliards de dollars par an à la Syrie, alors que c'est bien *notre argent* qui finit dans les caisses d'Israël. Nous sommes donc en partie responsables de l'oppression, des massacres et des conditions d'apartheid qui sont la norme dans les territoires occupés par Israël.

Il faut mettre fin au conflit au Moyen-Orient, et rapidement. Israël a des armes nucléaires, certains pays arabes en disposeront tôt ou tard, et nous ferions bien d'arrêter cette folie avant que nous ayons tous à le payer TRÈS cher.

En ce qui me concerne, je ne souhaite pas qu'une forme d'apartheid soit financée en mon nom, nulle part. Ma conviction, c'est que (arrêtez-moi si vous avez déjà entendu ça quelque part) tous les êtres humains ont le droit à l'autodétermination, le droit d'élire leurs dirigeants et leurs représentants, le droit à la vie, à la liberté et à la poursuite du bonheur. Or, les Arabes qui vivent en Cisjordanie et à Gaza ne jouissent d'*aucun* de ces droits. Ils ne peuvent pas se déplacer librement. Ils sont systématiquement soumis à des couvre-feux. Ils paient des impôts, mais ne choisissent pas librement leurs représentants. Ils sont arrêtés et emprisonnés sans procès. Leurs domiciles sont rasés sans préavis par des bulldozers. Leurs terres leur sont confisquées et sont attribuées à des « colons ». Leurs enfants sont assassinés pour avoir jeté des pierres – et parfois simplement pour s'être trouvés dans la rue au mauvais moment.

Oui, ils lancent des pierres ! Oui, ils tuent des colons israéliens ! C'est généralement ce que font les peuples soumis à la violence de l'oppression – ils ripostent et font violence à leurs oppresseurs. Les Israéliens ne sont-ils pas les mieux placés pour le savoir ? Les bouchers de l'humanité ont failli les condamner à l'extinction totale au siècle dernier, et ils n'ont nullement l'intention de se laisser faire au cours du prochain millénaire.

Dans ce genre de circonstances, ceux d'entre nous qui ont eu l'immense chance de pouvoir échapper à ce type de souffrance doivent intervenir et faire arrêter le massacre. C'est ce que je souhaite voir faire à mon pays. Et voilà comment : *cessons de signer des chèques en blanc à l'un des belligérants et invitons fermement les deux parties à cesser de faire couler le sang.* Mon plan se présente comme suit :

1. Le Congrès devrait informer l'État d'Israël qu'il a trente jours pour mettre fin au bain de sang perpétré en son/notre nom, sans quoi nous lui coupons les vivres, à savoir les trois milliards de dollars d'aide par an. Le terrorisme individuel est déjà suffisamment cruel, mais le terrorisme d'État est une véritable barbarie. Je sais bien qu'on n'arrivera jamais à empêcher complètement un quelconque cinglé de vouloir venger par la violence tel ou tel grief qu'il estime justifié. Mais il est inadmissible de voir les Israéliens, qui sont des gens par ailleurs généreux et intelligents, appliquer un système de terreur collective contre une population différente simplement à cause de sa race ou de sa religion. Et c'est vous et moi, ainsi que des millions de contribuables américains, qui finançons ces agissements inadmissibles. Sans les quatre cents prélevés quotidiennement sur nos revenus pour payer les balles israéliennes qui ôtent la vie aux enfants palestiniens, tout cela n'aurait pas lieu.

2. Si l'État d'Israël veut continuer à recevoir le fruit de nos impôts, il devrait être obligé de s'entendre avec les Palestiniens pour mettre au point en un an maximum un plan de création d'une nation qui s'appellera la Palestine et comprendra la Cisjordanie, Gaza et une bande de terrain joignant ces deux régions entre elles. Cette nouvelle nation devra être pourvue d'une Constitution qui non seulement interdira toute forme d'agression contre l'État juif, mais garantira à tous ses citoyens, hommes femmes et enfants, l'intégralité de leurs droits démocratiques.

3. Les États-Unis alloueront alors à l'État palestinien le *double* de la somme qu'ils ont accordée à Israël (je ferai volontiers

cadeau de ma modeste part de cette somme au bénéfice de la paix). Il ne s'agira pas d'un chèque en blanc offert à des fonctionnaires corrompus, comme cela arrive aux États-Unis, mais d'une espèce de plan Marshall destiné à financer directement la construction de routes, d'écoles et d'infrastructures économiques susceptibles d'apporter un revenu décent aux travailleurs palestiniens.

4. Les Nations unies devraient alors s'engager à défendre Israël contre tous ceux qui seraient tentés de le détruire *et* à défendre un État palestinien démocratique contre les régimes arabes voisins (qui risquent de voir rouge s'ils constatent l'existence à leur frontière d'un État arabe garantissant à ses citoyens la prospérité et la liberté dont leurs propres peuples ne jouissent nullement).

Bien entendu, vous me direz : quel espoir ai-je d'être entendu ? Apparemment, il est beaucoup plus amusant d'ajouter encore de nombreux épisodes sanglants à ce feuilleton stupide en s'empaillant à propos d'une bande de terre que vous pouvez traverser en moins de temps qu'il ne faut pour aller d'Oakland à San Francisco aux heures de pointe.

Enfin, il y a peut-être quand même une personne qui est prête à m'écouter.

Cher président Arafat,

Nous ne nous sommes jamais rencontrés. Je ne dis pas ça dans le but de me faire inviter à dîner ou à une partie de poker. Je sais que vous êtes un homme fort occupé. Moi aussi (même si, malgré tous mes efforts dans ce sens, je n'arrive pas à convaincre mes collaborateurs de répondre à mes directives par un impeccable « À vos ordres, Monsieur le Président ! »).

Bon, excusez-moi. C'est le genre d'humour qui explique que mes apparitions télévisuelles restent confinées sur une obscure chaîne du câble (Channel 64, juste après le canal en langue italienne de New York).

Je crois que j'ai la clé de votre succès politique. Je sais comment vous pouvez mettre fin de façon unilatérale aux massacres perpétrés des deux côtés – et obtenir en prime *un État palestinien* !

Je sais bien ce que vous allez dire : « Mais qui c'est, ce type ? » Et votre réaction sera légitime.

Écoutez-moi quand même. J'ai à vous faire une proposition tellement révolutionnaire qu'elle foutra les jetons à toute la droite israélienne et mettra définitivement de votre côté tous les Israéliens épris de paix.

Ma proposition n'a d'ailleurs rien de nouveau. Elle n'exige aucun effort militaire, aucune résolution de l'ONU et ne coûte pratiquement rien. Elle a été essayée à plusieurs reprises dans plusieurs pays – ET ELLE A TOUJOURS ÉTÉ COURONNÉE DE SUCCÈS. Elle se passe de toute forme de haine et de tout recours aux armes. C'est d'ailleurs exactement de ça qu'il s'agit, *d'empêcher tout recours aux armes.*

On appelle ça la non-violence de masse et la désobéissance civique. Ça a marché pour Martin Luther King : avec ses partisans, il a réussi à mettre fin au système légal de ségrégation raciale aux États-Unis. Ça a marché pour Gandhi : grâce à lui, les Indiens ont pu mettre l'Empire britannique à genoux sans tirer un coup de feu. Ça a marché pour Nelson Mandela : avec ses camarades de l'ANC, il a pu enterrer l'apartheid sans passer par une révolution violente.

Si ça a marché pour eux, croyez-moi, ça peut marcher pour vous.

Vous me direz que la violence peut aussi vous assurer la victoire. Les Vietnamiens ont réussi à botter le cul à la première puissance mondiale. Et il n'y a qu'à prendre l'exemple de mes compatriotes : on a passé huit ans à canarder les tuniques rouges, et on a fini par obtenir une nation de dimensions appréciables.

Comme quoi la violence paie. Sauf qu'une fois achevées les hostilités, vous restez un peu perturbé du ciboulot, et ça vous prend un petit peu de temps pour apprendre à ne plus dégainer à la première alerte. En tout cas, nous, au bout de 225 ans, on a toujours pas vraiment appris.

Mais si vous voulez bien essayer la méthode *non violente*, non seulement vous laisserez moins de gens sur le carreau, mais en plus vous finirez par obtenir votre indépendance !

Voilà comment ça marche.

1. Posez votre cul par terre. Eh oui, c'est aussi simple que ça. Il suffit que quelques milliers d'entre vous s'assoient par terre au milieu de la route et décident de ne plus bouger et de ne pas riposter violemment quand les soldats essaient de vous faire lever le camp. Au lieu de laisser Israël bloquer régulièrement les frontières de la Cisjordanie et de Gaza, c'est *vous* qui allez les bloquer. Marchez pacifiquement jusqu'aux postes de contrôle et asseyez-vous. Plus moyen de circuler entre Israël et les colonies. Plus moyen pour les Israéliens de transporter les biens et les ressources naturelles de vos territoires vers Israël. Je ne connais pas de véhicule israélien qui soit capable de passer sur les corps de milliers de gens, même avec des pneus neige ! Bien entendu, ils peuvent essayer de forcer le passage, et il y aura alors des victimes parmi vous. Mais ne cédez pas d'un pouce. Le monde entier sera témoin, surtout si vous vous lancez dans le monde merveilleux des relations publiques et que vous alertez les médias au préalable. (Croyez-moi, CNN répondra à votre appel.) Et il y aura beaucoup moins de morts palestiniens que si vous recourez à la violence.

2. Provoquez une grève générale. Refusez de travailler pour les Israéliens. Leur économie est fondée sur l'exploitation quasi esclavagiste de votre force de travail. Croisez-vous les bras. Qui fera leurs sales boulots si ce n'est les Palestiniens ? D'autres Israéliens ? J'en doute fort ! Ils ont besoin de vous et de votre capacité de trimer à leur service pour des salaires de misère. Vous verrez à quelle vitesse ils accepteront de négocier une fois que tous les Arabes auront répondu « absent » à l'appel. Bien sûr, ils essaieront de vous briser. Ils vous couperont l'eau et les vivres, ils bloqueront vos routes, mais résistez à la pression. Faites des réserves, lancez des actions non violentes et ne cédez jamais. Ce sont eux qui céderont.

Il y a quelques années, plus d'un million d'Israéliens ont assisté à une manifestation du mouvement La paix maintenant à Tel-Aviv. C'était un spectacle vraiment impressionnant. Et cela veut dire que vous, les Palestiniens, avez au moins un million d'alliés juifs, soit un tiers de la population israélienne, au cœur même de la nation que vous considérez comme votre ennemie. Un million d'« ennemis » qui viendront à votre aide si vous protestez de façon non violente. Tentez le coup ! Si on additionne vos compatriotes aux pacifistes israéliens, vous êtes largement plus nombreux que ceux qui veulent vous jeter à la mer.

Malheureusement, je sais que vous êtes plutôt enclins à continuer à verser le sang. Vous êtes convaincus que c'est comme ça que vous obtiendrez votre liberté. Mais vous vous trompez. Cela ne fera que vous rendre pareils à ceux qui vous assassinent. Et au cas où vous ne vous en seriez pas encore aperçus, les Israéliens n'ont *nullement* l'intention de déménager sous des cieux plus cléments. Réfléchissez un peu, bon sang : ils ont vu six millions d'entre eux se faire massacrer par une des civilisations les plus avancées de la planète. Vous croyez qu'ils vont se laisser intimider par quelques jets de pierre et quelques voitures piégées ? Ils vivent dans un monde où ils se sentent complètement isolés. Ils ne lâcheront pas prise tant que le reste du monde ne les aura pas anéantis jusqu'au dernier. C'est ça que vous voulez ? Débarrasser la planète de tous les juifs ? Si c'est le cas, alors vous avez un gros problème – et vous devrez me passer sur le corps avant de toucher les cheveux d'un seul de leurs enfants.

Mais si, comme je le soupçonne, vous préférez la paix et la tranquillité à la guerre et à l'exil permanents, alors déposez vos armes, mettez vos corps en travers de la route et… attendez la suite. Oui, les Israéliens vont brutaliser nombre de vos compatriotes. Ils vont traîner vos femmes par les cheveux, ils vont lâcher les chiens contre vous, ils vont peut-être même vous arroser à la pompe à incendie (un des trucs qu'ils ont appris des Américains). NE RIPOSTEZ SURTOUT PAS ! Croyez-moi, quand les images de vos souffrances aux mains de ces brutes auront fait le tour du monde, cela provoquera une telle indignation que le gouvernement israélien sera obligé de céder.

Voilà, tout est là. Si vous le souhaitez, je suis près à me joindre à vous dans votre protestation non violente. C'est le moins que je puisse faire après avoir contribué à financer les balles et les bombes qui assassinent votre peuple.

Bien à vous

Le Royaume-Uni de Grande-Bretagne et d'Irlande du nord

Encore un nom qui trahit la réalité du problème : les gens qui dirigent ce pays doivent être bien conscients qu'il s'agit d'un attrape-couillons. Si le Royaume-Uni était convaincu que sa présence en Irlande du Nord jouissait de la moindre autorité morale, il l'intégrerait purement et simplement à la Grande-Bretagne sans attirer bêtement l'attention sur ces six comtés d'outre-mer où les Britanniques n'ont strictement rien à faire.

Bon, mais ne croyez pas que j'ai une dent contre les British. Au contraire, je les apprécie énormément. Ce sont eux qui me financent et qui diffusent mes programmes de télévision quand je ne trouve pas de soutien en Amérique. Les Britanniques – si je peux me permettre de généraliser, vu qu'on pourra toujours me donner l'exemple contraire des supporters de football – sont un peuple intelligent, doué d'un remarquable sens de l'humour et grand connaisseur en matière de satire politique. Contrairement aux Américains, leurs médias sont beaucoup plus pluralistes (Londres a quatre quotidiens, et il y a plus de choix chaque soir sur leurs quatre chaînes de télévision nationales que sur la totalité de nos deux cents chaînes et des poussières). Ils offrent une vaste gamme de points de vue éditoriaux, et personne ne s'y voit nier le droit à la parole.

Sauf les catholiques d'Irlande du Nord.

Tout comme pour la Palestine, je ne vais pas essayer de résumer objectivement huit cents ans d'histoire, alors passons directement à la situation actuelle. Les catholiques d'Irlande du Nord sont des citoyens de deuxième classe dont les droits sont constamment violés, qui sont relégués au niveau inférieur de la hiérarchie sociale et qui vivent sous l'occupation d'une force militaire britannique. Cela explique en partie pourquoi le sang n'a cessé de couler pendant trente-trois ans. Pendant sa présidence, Bill Clinton avait réussi à obliger les deux parties à négocier pour élaborer un accord de paix qui permettrait d'intégrer les catholiques aux structures du pouvoir local. Tout le monde était soulagé et plein d'espoir.

Mais ça n'a pas duré longtemps, vu que les protestants se sont entêtés à affirmer qu'ils ne partageraient pas le pouvoir tant que l'IRA n'aurait pas restitué toutes ses armes sans exception. La plupart des observateurs ont interprété cette condition comme une excuse pour renier l'accord, et un nouveau bain de sang s'en est ensuivi. Depuis lors, la situation n'est pas brillante.

Ce conflit absurde a duré bien trop longtemps. J'ai une solution qui apportera la paix définitive à la région :

Il suffit de convertir les protestants d'Irlande du Nord au catholicisme.

Ben oui. Une fois que tout le monde partagera la même foi, plus de querelles stupides autour de la religion. Bien entendu, la plupart des protestants résisteront à cette conversion, mais depuis quand a-t-on vu l'Église catholique se laisser impressionner par si peu ? Depuis les croisades jusqu'à la conquête de l'Amérique par les Espagnols, elle a toujours trouvé des moyens très « convaincants » d'apporter la bonne parole aux indigènes.

Étant donné que les catholiques représentent d'ores et déjà 43 % de la population d'Irlande du Nord, il nous suffit de convertir seulement 8 % des protestants pour engendrer une majorité catholique. C'est simple comme bonjour. Surtout si on fait miroiter aux protestants les avantages considérables qui découlent de l'adhésion à la foi catholique romaine :

Un seul maître à bord, le pape. Il existe des milliers de sectes protestantes. Certaines sont dirigées par une autorité collégiale, d'autre par un exécutif élu, d'autres fonctionnent comme une espèce de coopérative où on ne sait pas trop qui commande. Se convertir au catholicisme, c'est avoir enfin un leader *à vie*, quelqu'un qui n'aura pas peur de prendre des décisions et d'offrir aux croyants un ensemble de règles et d'interdits susceptibles d'apporter un peu de discipline et de clarté dans leur existence confuse. Et quand le pape meurt, l'Église ne se complique pas la vie avec des élections démocratiques. Quelques centaines de types habillés en rouge se réunissent et votent en secret, suite à quoi une fumée blanche annonce à l'humanité que l'affaire est dans le sac. Pas de fastidieux discours de campagne, pas de démagogie électorale et pas besoin de recompter les votes en Floride.

Plus de sexe. Il est bien connu que les catholiques font plus d'enfants que les autres, et vous savez fort bien ce que ça signifie : ils forniquent plus ! Eh oui, vu que chez les catholiques il n'est pas question d'avoir un bébé sans en passer par là. Et un peu plus d'activité sexuelle n'a jamais fait de mal à personne, pas vrai ? Je vous jure que si tous ces extrémistes protestants passaient plus de temps au lit, ils auraient vite fait de laisser tomber tous leurs ridicules défilés paramilitaires.

Plus de vacances. L'Église catholique célèbre officiellement six fêtes religieuses. Dans les pays où la majorité de la population est catholique, cela fait six journées de congés payés supplémentaires et des vacances pour les enfants. Est-ce que vous pouvez me nommer une seule fête religieuse protestante, à part le jour de la sortie du catalogue spécial fêtes de fin d'année d'Eddie Bauer ?

Un verre d'alcool gratuit. Si vous allez à la messe tous les jours, c'est l'Église qui paie la tournée. Bon, évidemment, vous devez accepter de croire que le verre de vin qui vous est offert est le Sang du Christ, mais ça n'exige pas un si gros effort. Combien de fois vous-êtes vous convaincu que le gin tonic que vous vous enfilez chaque jour est « juste un peu d'eau » ? Allez, la foi déplace les montagnes !

Les filles catholiques (voir ci-dessus).

Une place toute chaude au Paradis, juste à la droite du Créateur ! C'est écrit dans la Bible : Jésus a nommé Pierre chef de son Église, et ce dernier a bien expliqué que seuls les membres de la « véritable Église catholique » auraient droit à un ticket d'entrée. Le choix est simple : vous pouvez passer toute votre existence à vénérer la reine d'Angleterre et finir dans les flammes de l'enfer, ou bien vous pouvez vous inscrire sur la liste des élus et jouir de l'Éternité dans un siège de première classe.

Une fois que les protestants d'Irlande du Nord auront pris connaissance de tous les avantages mentionnés ci-dessus, je vous garantis qu'on n'aura pas à attendre longtemps pour voir une foule d'entre eux se précipiter vers l'entrée de Falls Road. Et à partir de là, le tour est joué : n'importe quel catholique peut effectuer le sacrement du baptême s'il estime que le non-catholique à baptiser risque de mourir sans être sauvé. Je ne m'avance pas trop en disant que c'est justement le cas de tous les protestants d'Irlande du Nord.

Vous avez juste besoin d'un peu d'eau. Versez-la sur le front du protestant candidat à la conversion et prononcez la formule suivante : « Je te baptise au nom du Père, du Fils et du Saint-Esprit, Amen ! »

Pas plus compliqué que ça ! C'est moins long que de s'inscrire aux Weight Watchers. (Au cas où les protestants manifesteraient une certaine réticence à se convertir, ce que peuvent faire les catholiques, c'est de traverser en courant les quartiers protestants avec, au lieu d'armes, un arrosoir préalablement bénit par un prêtre. Il suffit alors d'asperger généreusement les protestants au passage, de prononcer la formule sacramentelle et de se tirer vite fait.)

L'ex-Yougoslavie

Cette terre oubliée de Dieu a été la source d'une bonne partie de nos malheurs au cours du siècle dernier. Ses habitants sont visiblement incapables de s'entendre – les Serbes combattant les Croates qui combattent les Musulmans qui combattent les Macédoniens qui combattent les Albanais qui combattent les Serbes – au moins depuis qu'un anarchiste serbe nommé Gavilo Princip a assassiné l'archiduc Ferdinand en 1914, déclenchant ainsi la Première Guerre mondiale, qui a elle-même entraîné la Seconde Guerre mondiale, soit plus de cinquante millions de morts.

Franchement, je comprends pas ces gens-là. C'est vrai quoi, je passe pas mon temps à massacrer les Texans. Je m'amuse pas à brûler des villages entiers en Floride. J'ai appris à vivre avec. Alors pourquoi ils font pas pareil que moi ?

La Yougoslavie n'a pas toujours été un foyer de violence. À la fin de la Seconde Guerre mondiale, les Yougoslaves qui avaient combattu Hitler (surtout des Serbes ; les Croates et les autres avaient accueilli les nazis à bras ouverts) prirent le pouvoir et formèrent un gouvernement communiste dirigé par le maréchal Tito. Tito refusa d'obéir à Moscou et se consacra à réconcilier les diverses factions ethniques de son pays.

Pendant près de quarante ans, les peuples de Yougoslavie ont cessé de s'entretuer. Leur nation est devenue un pays civilisé. Ils se sont mis à fabriquer des petites voitures ridicules et à jouer au basket-ball comme des dieux. Il faisait bon vivre en Yougoslavie.

Et puis Tito est mort, et le chaos s'est déchaîné. Les Croates ont commencé à tuer les Serbes, les Serbes à tuer les Musulmans en Bosnie et les Albanais au Kosovo. Les États-Unis ont alors bombardé le Kosovo pour leur démontrer que le recours à la violence était fort répréhensible. Au cours des dernières années, les ex-Yougoslaves ont connu successivement la paix, puis la guerre, puis la paix, puis la guerre. Ça ne s'arrête jamais. À croire qu'ils ont ça dans le sang.

Ce qui veut dire qu'il est temps d'intervenir.

Je ne parle pas d'intervention militaire, mais d'une thérapie en douze étapes, comme chez les Alcooliques anonymes.

Première étape : commencer par une promesse publique et solennelle de renoncer à la violence. Les gens pourraient se réunir chaque semaine dans les églises du pays (ou ce qu'il en reste), s'asseoir en cercle et laisser s'exprimer tout ce qui leur pèse sur la poitrine. Oui, on aurait le droit de fumer et il y aurait du café à volonté.

Si vous refusez d'entreprendre cette thérapie, nos bombardiers vont vous balancer sur la gueule des milliers de vos sales petites bagnoles yougoslaves. Vous serez obligés de rester enfermés chez vous, sous peine de recevoir sur la tête une de ces caisses pourries, qui pèsent quand même leur bonne petite tonne de ferraille.

Et puis il y a peut-être une autre solution. La science permet aujourd'hui de faire des miracles, et on pourrait peut-être ressusciter quelqu'un dont on a bien besoin par le temps qui courent. On ne peut pas dire que les Américains adoraient Tito quand il était vivant, mais depuis qu'il a disparu, il est aussi regretté que Mère Teresa. Si nous sommes capables de cloner des êtres humains, n'y aurait-il pas moyen de ramener le maréchal à la vie ? Je ne verrais pas d'objection à ce que le gouvernement des États-Unis consacre quelques milliards dollars à cette entreprise, qu'on pourrait baptiser le projet Lazare. Quel soulagement que de voir de nouveau ce grand gaillard, avec ses couvre-chefs ridicules, ramener à l'ordre ses turbulents concitoyens ! Vu les millions de victimes inutiles des conflits provoqués au XXe siècle par ces malappris de Yougoslaves, notre seul espoir est de restaurer la paix et la tranquillité dans les Balkans. Tito, lève-toi et marche !

La Corée du Nord

Il faut que vous sachiez un truc à propos du dirigeant de la Corée du Nord, Kim Jong-il : c'est un cinéphile fanatique qui possède une collection de plus de quinze mille cassettes vidéo. Je ne sais pas si tous ces films lui ont suggéré la moindre idée de comment mettre fin à la famine et à l'oppression dont sont victimes ses concitoyens. J'en doute un peu, vu qu'outre les films pornos, ce qui lui plaît le plus, ce sont les westerns américains, les films d'Elizabeth Taylor et la série de films d'horreur *Vendredi 13*.

Le dictateur cinéphile a également écrit un livre sur le septième art, et il a même fondé une école de cinéma. D'après Kim Hae-young, une actrice réfugiée depuis peu en Corée du Sud, « Kim

Jong-il visionne tous les films tournés en Corée du Nord et a son opinion sur tout : le jeu des acteurs, la réalisation, etc. Quand il complimente un acteur ou une actrice, celui-ci ou celle-ci devient aussitôt une star. »

Il partage ce goût pour l'univers fantasque du spectacle avec son fils aîné, Kim Jong-nam, qui a récemment tenté d'entrer illégalement au Japon armé d'un faux passeport dominicain pour visiter le nouveau Disney-world japonais. Quand les douaniers japonais l'ont démasqué (il faut dire qu'il a une parfaite tête de Dominicain !), ils ont aussitôt appelé son papa et l'ont renvoyé dans ses pénates.

On raconte que Kim Jong-il est régulièrement soumis à des transfusions : on lui infuse le sang de jeunes vierges afin de « ralentir le processus de vieillissement ». Il est également fana de sport et sait parfaitement saisir la différence entre une stratégie de défense de zone et une défense individuelle dans le basket-ball américain. Il porte des chaussures à semelle compensée pour augmenter sa petite taille, et on dit de lui qu'il est le plus gros client individuel de la marque de cognac Hennessy au niveau mondial.

Le hic, c'est que des millions de Nord-Coréens meurent de faim, essentiellement à cause de Kim Jong-il, un dictateur qui consacre 25 % du PIB aux dépenses militaires. Alors évidemment, aux États-Unis, ça pourrait marcher, vu les immenses champs de blé ondulant au vent de la plaine qui s'étendent de l'Atlantique au Pacifique. Même le budget militaire le plus gourmand ne risque pas de nous réduire à la famine. Mais sur une péninsule rocheuse essentiellement peuplée d'escargots comme la Corée, ça crée de gros problèmes.

Depuis 1948, quand la péninsule coréenne a été divisée entre un Nord communiste et un Sud capitaliste soumis à un régime fascisant, les citoyens des deux pays ont vécu dans des conditions fort difficiles. Après les horreurs de la guerre de Corée qui, officiellement, n'est toujours pas terminée (nous sommes théoriquement en période de « cessez-le-feu »), ils ont connu des décennies de répression, d'isolement (qui ont pris fin pour la Corée du Sud avec la restauration de la démocratie dans les années 1980), de privations, d'inondations et de famines. Les Nord-Coréens ayant des parents dans le Sud n'ont pu se réunir avec leur famille que deux fois en plus de cinquante ans : la première en 1985, quand cinquante personnes de chacun des deux pays ont été autorisées à visiter leurs proches, et en août 2000, où des retrouvailles similaires ont été organisées pour une centaine de personnes.

Kim Jong-il, révéré en Corée du Nord sous le nom de « Notre Leader Bien-Aimé », a la réputation d'être un play-boy excentrique et irresponsable. D'après un ancien membre de l'administration Clinton, « il était décrit il y a encore quelques années comme un ivrogne aux mœurs extravagantes et n'ayant pas la moindre idée de ce qui se passe dans le monde ». Après avoir succédé à son père – maître absolu du pays de 1948 à 1994 –, il a été accusé d'être responsable de la mort par attentat de plusieurs membres du gouvernement nord-coréen et d'avoir fait abattre en vol un avion civil sud-coréen. Il dispose d'une armée considérable et on soupçonne même qu'il possède la bombe atomique.

Au cours des deux dernières années, Kim Jong-il a commencé à manifester des doutes, ce qui est peut-être le signe qu'il n'est pas complètement cinglé. Quand la famine a commencé en 1995, Kim a refusé de laisser entrer des coopérants humanitaires étrangers dans le pays et a détourné une bonne partie de l'aide alimentaire en faveur de l'armée. En revanche, en 2000, il a autorisé près de cent cinquante représentants d'organisations internationales à s'installer en Corée du Nord. Il a récemment participé à des conversations avec le président de la Corée du Sud, qui essaie de faire sortir ses voisins du Nord de leur dangereuse isolation. Enfin, il a été jusqu'à accueillir à Pyongyang la secrétaire d'État de Clinton, Madeleine Albright, qui l'a jugé parfaitement capable de soutenir un débat diplomatique cohérent. (Il semble même qu'il se soit très bien entendu avec Madeleine, qu'il a invitée à tout un tas d'événements, spectacles, dîners et, bien entendu, séances de cinéma.)

Maintenant que Kim commence à être dans le coup – et à se rendre compte, tout comme moi, qu'il n'y a rien de tel que de passer son temps dans une salle obscure à voir toutes sortes de films pour nourrir un désir sincère de paix et de tranquillité (on raconte qu'il aurait fait kidnapper deux producteurs sud-coréens pour leur faire faire des documentaires en Corée du Nord) –, j'ai quelques suggestions à lui faire. Grâce à moi, ce dictateur un peu farfelu pourra peut-être sauver son pays.

Améliorer sa culture cinématographique. Il n'y a pas que le porno et John Wayne dans la vie d'une cinéphile. Kim a un jour observé qu'il était tellement ému par la prestation de Leonardo DiCaprio qu'il ne pourrait « sans doute pas supporter de revoir *Titanic* une seconde fois. » On le comprend. Voilà la liste de cassettes vidéo que j'entends lui faire envoyer :

Easy Rider – La première chose que Notre Leader Bien-Aimé doit faire, c'est apprendre à se relaxer un peu. Sois cool, Kim. Voilà un film qui devrait l'aider dans ce sens.

200 Motels – Si Dennis Hopper n'arrive pas à le décoincer, les délires de Frank Zappa devraient faire l'affaire.

Dude, Where's My Car ? – Tout ce que vous avez toujours voulu savoir sur l'Amérique se trouve dans ce film[2].

---

2 Film de pseudo-science-fiction censément comique dans le genre *Men In Black*, sorti en 2000. Raconte l'histoire de deux adolescents débiles et tellement défoncés qu'ils n'arrivent plus à se rappeler où ils ont laissé leur voiture la veille. La recherche de leur véhicule les entraînera dans une série d'aventures érotico-picaresco-intergalactiques. D'après Matt Heffernan, le critique de la revue on line *FilmHead*, ce film est « tellement mauvais que ça en dépasse l'imagination [...]. C'est censé être une comédie, mais ça ne fait rire personne [...]. Même la salle pleine d'ados complètement abrutis dans laquelle j'ai assisté à la projection n'était pas impressionnée. » [NdT.]

My Dinner With André – Bon, évidemment, c'est un film qui nous montre simplement deux types en train de parler et de manger pendant deux heures, Mais ça permettra à Kim de se faire une idée de ce qu'est un vrai repas. Quant à la conversation raffinée des deux protagonistes, elle l'aidera peut-être à renforcer ses talents de communicateur.

L'inviter à Hollywood pour qu'il y fasse sa propre tournée promotionnelle. Ce gars-là doit avoir des milliers d'idées de scénario. L'une d'entre elles au moins serait certainement tout à fait adaptée pour Rob Schneider[3]. On pourra proposer au dictateur que Tom Cruise incarne son personnage dans une grande saga biographique. Faites-lui un bon contrat et logez-le à proximité des studios. Remplissez ses journées de réunions inutiles avec des directeurs du développement et des agents. Ça devrait le maintenir occupé pour quelques années. En son absence, la Corée du Nord ne s'en portera que mieux et devrait commencer à sortir du marasme.

Si le reste ne marche pas, financez un parc à thème à Pyongyang. Les parcs à thème marchent *toujours*. Même s'ils ne stimulent pas l'économie, ils remontent le moral de la population. Est-ce que ce n'est pas ça qui compte avant tout ? Je pense en particulier au rejeton « dominicain » de Notre Leader Bien-Aimé. Offrez-lui un poste de vice-directeur.

---

3 Acteur idiot à tête d'idiot et jouant généralement dans des films idiots comme *Maman, j'ai raté l'avion* [NdT].

8

Tous en taule, c'est tellement plus drôle

Ça s'est passé à dix heures du soir, le 4 octobre 2000, un mois après l'élection présidentielle. La veille avait eu lieu le premier des trois débats entre les candidats Al Gore et George W. Bush.

En cette agréable soirée d'octobre, dans la localité de Lebanon, Tennessee, John Adams, un homme de soixante-quatre ans, venait juste de s'installer dans sa chaise longue préférée pour regarder les actualités télévisées. Personnalité respectée de la communauté afro-américaine de Lebanon, Adams jouissait d'une retraite pour invalidité bien méritée après avoir travaillé plusieurs années pour l'usine Precision Rubber.

Sur l'écran, les journalistes prodiguaient leurs analyses post-débat. Adams et son épouse Lorine étaient en train de commenter leur intention de voter pour Al Gore quand quelqu'un frappa à la porte. Mme Adams se dirigea vers l'entrée et demanda au visiteur de s'identifier. Deux inconnus la sommèrent alors d'ouvrir la porte et de les laisser entrer. Elle insista pour connaître leur identité, mais ils s'y refusèrent. Elle se garda bien de leur ouvrir.

C'est alors que les deux fonctionnaires de la brigade antidrogue de la police de Lebanon décidèrent d'enfoncer la porte, de se saisir de Mme Adams et de lui passer les menottes. Sept autres policiers firent irruption dans la maison. Deux d'entre eux se précipitèrent l'arme au poing vers la pièce où John Adams regardait la télévision et lui logèrent plusieurs balles dans le corps. Trois heures plus tard, son corps reposait à la morgue du Centre hospitalier universitaire Vanderbilt.

Le raid avait été organisé après qu'un indicateur eut déclaré avoir acheté de la drogue chez un fournisseur résidant au 1120 Joseph Street. La brigade antidrogue de Lebanon, financée, comme des milliers d'unités d'intervention de ce type aux États-Unis, dans le cadre du programme de « Guerre contre la drogue » de l'administration Clinton, obtint d'un juge local un mandat d'arrêt contre les occupants de la résidence en question.

Il y avait simplement un petit détail qui coinçait : les Adams vivaient au 70 Joseph Street. La brigade antidrogue s'était trompée d'adresse.

Quelques kilomètres plus loin, à Nashville, et au même moment où John Adams était sauvagement exécuté par accident, des dizaines de salariés et de volontaires s'affairaient dans les bureaux du quartier général de campagne d'Al Gore. Ils étaient essentiellement préoccupés par la nécessité de limiter les dégâts du débat de la veille, au cours duquel des millions de téléspectateurs avaient pu contempler le spectacle du candidat démocrate laissant échapper des soupirs embarrassés pendant les réponses de Bush. Le téléphone n'arrêtait pas de sonner, le matériel de campagne s'entassait dans les couloirs en attente d'être réexpédié et un peloton serré de stratèges planifiait fiévreusement les prochaines apparitions de leur poulain. Sur une des tables traînaient quelques exemplaires du plan de lutte contre la délinquance de Gore. Il y proposait d'augmenter le budget et les rangs des forces de police et d'investir encore plus d'argent dans la Guerre contre la drogue. Aucun des présents ne savait encore que ces efforts démesurés pour éradiquer le trafic de drogues venaient de leur coûter une voix potentielle, celle d'un retraité noir vivant à quelques kilomètres de là.

Assassiner vos électeurs n'est pas vraiment la meilleure façon de gagner les élections.

La mort d'Adams n'est qu'un des trop nombreux incidents dans lesquels, au cours de dernières années, des innocents ont été abattus par des policiers antidrogue fédéraux ou locaux convaincus de « tenir leur proie ».

Mais le plus triste, c'est le nombre incroyable de citoyens américains qui ont été mis derrière les barreaux pendant les années 1990 en vertu de la politique sécuritaire de Clinton et Gore. Au début de la décennie en question, il y avait environ un million de détenus dans les prisons américaines. Vers la fin du mandat de Clinton, on en comptait désormais DEUX MILLIONS. La majorité de ces nouveaux détenus était le fruit d'une politique antidrogue qui sanctionne essentiellement les *consommateurs*, et non pas les trafiquants. En effet, 80 % des inculpés emprisonnés étaient simplement coupables de *possession* de stupéfiants, et non pas de vente. Et les sanctions pénales contre la consommation de crack sont trois fois supérieures à celles qui frappent la consommation de cocaïne.

Il n'est pas besoin d'être grand clerc pour saisir pourquoi le stupéfiant favori des Blancs est beaucoup moins sévèrement réprimé que ne l'est la principale drogue dure accessible aux membres déshérités des communautés hispanique et afro-américaine. Pendant huit ans, un effort gigantesque a été fait pour mettre sous les verrous le plus grand nombre possible de ces pauvres gens. Au lieu de promouvoir les traitements que leur pathologie exige, nous avons affronté le problème de la toxicomanie en les envoyant pourrir dans une cellule.

Mais laissons de côté pour l'instant l'idée désuète de venir en aide aux plus défavorisés. Quel est donc le membre de l'administration Clinton-Gore qui est arrivé à la Maison-Blanche un beau matin en disant : « Hé, les gars, j'ai une idée. Pourquoi on s'en prendrait pas aux Noirs et aux Hispaniques ? Y a plein de toxicos chez ces gens-là ! Y a qu'à les foutre tous en taule, comme ça on réduira d'autant les suffrages d'une fraction de l'électorat qui vote pour nous à 90 % ! » Génial, non ?

Oui, je sais, c'est complètement absurde. On n'imagine pas une force politique déterminée à saper avec autant de constance sa propre base électorale. Les républicains, par exemple, ne passent pas leur temps à conspirer pour faire mettre au trou les P-DG des grandes entreprises ou les adhérents du lobby des armes à feu. Croyez-moi, on n'est pas prêts de voir Karl Rove (le premier conseiller de Bush) convoquer une réunion spéciale du cabinet pour examiner l'opportunité d'envoyer en taule et de priver de leur droit de vote des millions de membres de la droite chrétienne fondamentaliste.

En fait, c'est même tout le contraire qui se passe. Bush et ses comparses ont bien l'intention d'éviter à tout prix que quiconque de leurs partisans aient jamais l'occasion de pouvoir partager les joies de la douche collective dans un pénitencier. On a beaucoup parlé des grâces accordées par Clinton à la fin de son mandat à quelques personnages douteux comme Marc Rich. Le pays tout entier a été profondément choqué par l'absolution donnée à un fugitif coupable de fraude fiscale. Un gros richard qui ne paie pas ses impôts, vous imaginez un peu ? Quel scandale, mais alors QUEL SCANDALE !

Et pourtant, qui s'est inquiété le moins du monde des « grâces » accordées à des individus comme David Lamp, Vincent Mietlicki, John Waldsworth ou James Weathers Jr ? Et qui a exigé une enquête du Congrès quand ont été suspendues toutes les poursuites judiciaires contre Koch Industries, la plus grosse entreprise pétrolière familiale des États-Unis, dont le P-DG et le vice-président sont les frères Charles et David Koch ? Pourquoi un tel silence ?

Tout simplement parce que ces absolutions ont été généreusement prodiguées sous le règne de George W. Bush.

En septembre 2000, le gouvernement fédéral avait engagé des poursuites judiciaires comportant quatre-vingt-dix-sept chefs d'accusation contre Koch Industries et quatre de ses salariés – Lamp, Mietlicki, Waldsworth et Weathers, directeurs d'usine et responsables de la qualité environnementale chez Koch – pour avoir *sciemment* laissé échapper dans un cours d'eau et dans l'atmosphère 91 tonnes d'un produit toxique cancérigène, le benzène, et pour avoir activement dissimulé ce fait aux autorités fédérales.

Ce n'était pas la première fois que Koch se rendait coupable de délits ; ce n'était même pas sa première infraction *de l'année.* Quelques mois auparavant, Koch Industries avait dû payer une amende de 35 millions de dollars pour contamination illégale dans pas moins de six États.

Mais une fois George W. Bush « élu », la fortune se mit soudain à sourire à Koch. Il faut dire que ses dirigeants avaient versé 800 000 dollars au compte du budget de campagne de Bush et d'autres candidats républicains. En janvier, alors que John Ashcroft n'était même pas encore nommé officiellement, les quatre-vingt-dix-sept chefs d'accusation se réduisirent miraculeusement à onze, puis à neuf.

Mais Koch Industries continuait à être menacé par une série d'amendes se chiffrant à 352 millions de dollars. La nouvelle administration, désormais fermement établie, s'employa aussitôt à régler le problème. En mars, deux chefs d'accusation supplémentaires tombèrent opportunément. Et pour finir, deux jours avant que le procès commence, le département de la Justice dirigée par Ashcroft concocta une solution définitive.

Koch Industries plaida coupable de falsification de documents (un nouveau chef d'accusation imaginé par Ashcroft) tandis que le gouvernement retirait toutes les accusations de nature environnementale contre l'entreprise, y compris celles à l'encontre des quatre dirigeants susmentionnés.

En remerciement de leur générosité électorale, les responsables de Koch virent se dissiper toute menace d'incarcération. Quatre-vingt-dix chefs d'accusation graves à l'encontre de Koch furent invalidés, tandis que le simple paiement d'une amende réglait le problème des sept restants. D'après le quotidien *Houston Chronicle*, « les dirigeants de Koch se réjouirent ouvertement de cet heureux dénouement » et le porte-parole de la compagnie, Jay Rosser, se félicita publiquement que « justice ait été faite ».

Je n'ai pas de tendresse particulière pour un escroc comme Marc Rich, mais dites-moi quand même si je me trompe : il me semble que la contamination délibérée de l'eau et de l'atmosphère par un produit chimique cancérigène (qui se traduira très certainement par le décès de je ne sais combien d'innocentes victimes) est passablement plus répréhensible que le mauvais tour joué à Rudy Giuliani par un contribuable malveillant s'offrant dix-huit ans de vacances de neige en Suisse pour éviter de payer ses impôts locaux. Et pourtant, je suis certain qu'aucun de mes lecteurs n'a entendu parler de l'absolution généreusement accordée à Charles et David Koch et à leurs collaborateurs. Et d'ailleurs, pourquoi en auriez-vous entendu parler ? Les affaires sont les affaires, surtout avec une presse aussi complaisamment léthargique que la nôtre.

En revanche, c'est vraiment dommage qu'Anthony Lemar Taylor ait oublié d'envoyer sa contribution financière à la campagne de Bush. Taylor, tout comme Koch Industries, était un récidiviste notoire, un petit voleur qui s'est mis dans la tête, un beau jour de l'année 1999, de se faire passer pour le superchampion de golf afro-américain Tiger Woods.

On ne peut pas vraiment dire que Taylor ressemblait beaucoup à Woods (mais, après tout, ces Noirs se ressemblent tous, pas vrai ?). En tout cas, ça ne l'a pas empêché de se servir d'un permis de conduire et de deux cartes de crédit falsifiés au nom de Tiger Woods pour acheter un téléviseur à écran géant, plusieurs chaînes hi-fi et une automobile de luxe (mais d'occasion, tout de même).

Et puis quelqu'un a fini par le démasquer, et il a été arrêté et condamné pour vol et falsification de documents.

Vous voulez connaître la sentence ? DEUX CENTS ANS DE PRISON !

Non, non, ne vous frottez pas les yeux, vous avez bien lu. Deux cents ans de prison, et ce grâce à la loi californienne dite « de la double récidive », qui vous envoie en prison à vie si vous êtes pris trois fois la main dans le sac. À ce jour, aucun dirigeant d'entreprise n'a jamais été condamné à perpétuité pour avoir pollué trois fois une rivière ou escroqué trois fois ses clients. Aux États-Unis, nous réservons ce genre de traitement à ceux qui ont la malchance d'être pauvres ou noirs, et à tous ceux qui ont négligé de financer la campagne d'un de nos deux charmants partis politiques.

Il arrive même parfois que notre système judiciaire, qui a tendance à fonctionner comme un rouleau compresseur, soit tellement obnubilé par la nécessité de punir les déshérités qu'il ne se préoccupe même pas de savoir si la personne qu'il met sous les verrous est coupable de quoi que ce soit.

Prenons le cas de Kerry Sanders. Cadet d'une famille de neuf enfants, Kerry souffre de schizophrénie paranoïde. Arrivé à l'âge de vingt-sept ans, cela faisait sept ans qu'il combattait ses démons intérieurs et qu'il passait d'un établissement psychiatrique à l'autre entre deux intervalles de rémission. Parfois, quand il avait négligé de prendre ses médicaments, il se retrouvait à errer dans les rues de Los Angeles, comme ça lui est arrivé un jour d'octobre 1993.

Ayant passé la nuit sur un banc aux abords du USC Medical Center, Kerry fut arrêté pour vagabondage. Malheureusement pour lui, cet incident mineur coïncidait avec l'évasion d'une prison de l'État de New York, cinq semaines auparavant, d'un dénommé Robert Sanders, un criminel endurci inculpé pour tentative de meurtre lors d'une querelle concernant une livraison de cocaïne en 1990.

Bien entendu, le Californien Kerry Sanders n'avait rien à voir avec Robert Sanders, originaire de l'État de New York. C'est vrai, mais quand même, Kerry et Robert, c'est assez proche si on y réfléchit bien, quant à la Californie et New York, eh ben… euh… c'est tous les deux des GROS ÉTATS, quoi…

Manque de chance pour Kerry, il avait quand même *vraiment* quelque chose en commun avec Robert : sa date de naissance.

Ça a suffi aux flics de Los Angeles pour se faire une idée, même si leur recherche sur ordinateur démontrait également que *Kerry* Sanders avait été arrêté pour avoir traversé la rue en dehors des clous à Los Angeles en juillet 1993, à une époque où la présence de *Robert* Sanders en prison était certifiée.

Peu importe : Kerry Sanders fut envoyé sur la côte Est pour finir d'accomplir la sentence de Robert Sanders. Il resta incarcéré pendant deux ans, pendant que sa mère le cherchait désespérément dans tout Los Angeles. Les flics californiens n'avaient pas pris la peine de comparer les deux casiers judiciaires et de constater que les empreintes digitales des deux hommes étaient différentes.

Kerry n'avait qu'un seul allié théorique censé le protéger dans toute cette affaire : l'avocat commis d'office pour défendre ses intérêts. Mais ce juriste pourvu de trente ans d'expérience l'encouragea à ne pas protester contre son exil de Californie en lui expliquant que ça ne ferait que prolonger son séjour dans la prison du comté de Los Angeles avant d'être envoyé de toute façon dans l'État de New York. Il semble que l'avocat n'ait même pas remarqué que Kerry était un peu bizarre, sans même parler d'identifier sa grave maladie mentale. On se demande d'ailleurs si ça aurait changé quoi que ce soit à l'affaire.

L'avocat de Kerry Sanders se révéla incapable de poser quelques questions élémentaires. Il ne passa pas plus de quelques brèves minutes avec son client et ne chercha nullement à savoir s'il avait quelque part des proches susceptibles d'être contactés et de contribuer à sa défense.

Il négligea également de faire des recherches dans les archives judiciaires pour trouver des traces éventuelles de condamnations antérieures, ou de la situation économique de Kerry Sanders. Il ne fit aucune comparaison entre le mandat d'arrêt de Robert Sanders et le profil de Kerry, sans même parler de confronter les empreintes digitales. *À quoi bon*, me direz-vous ? Robert et Kerry étaient noirs tous les deux ; ils avaient le même âge, mieux, ils avaient la même date de naissance ! Qu'est-ce que vous désirez de plus ?

Mais il y a pire. Pendant l'audition destinée à sanctionner le fait qu'il renonçait à son droit de refuser sa déportation de Californie, on demanda à Kerry Sanders de signer un document rédigé comme suit : « Moi, Robert Sanders, je déclare librement et volontairement que je suis bien l'individu Robert Sanders mentionné ci-dessus. » En bas de page, il apposa la signature « Kerry Sanders », non sans avoir entièrement griffonné une des copies de sa déclaration.

Voilà qui ne suscita aucune réaction de la part de son défenseur, pas la moindre lueur de doute ne s'alluma dans son cerveau, aucun signal d'alarme.

Enfin, au moment de sa comparution devant un juge, on demanda à Kerry s'il avait lu la déclaration qu'on lui avait fait signer. Il répondit que non. Le juge suspendit la mesure de déportation.

« Est-ce bien vous qui l'avez signé ?, demanda-t-il à Kerry.

– Ouais.

– Pour quelle raison ?

– Parce qu'on m'a dit de signer. »

Le juge ordonna donc à l'avocat de Kerry de réviser le document avec son client. Cette opération ne prit que quelques minutes, après quoi le magistrat, la cour et l'avocat, satisfaits du résultat, passèrent au cas suivant.

Une fois abandonné comme un vieux Kleenex par son avocat, Kerry Sanders fut transporté à l'autre bout du pays pour être enfermé pendant deux ans au pénitencier de Green Haven, à une centaine de kilomètres au nord de New York, où il fut violé par des détenus.

En octobre 1995, après que des agents du FBI eussent arrêté le vrai Robert Sanders, Kerry Sanders put enfin rejoindre sa mère, Mary Sanders Lee. Si le véritable fugitif n'avait pas été retrouvé par un pur hasard, Kerry croupirait encore dans une cellule.

Kerry sortit de Green Haven avec 48,13 dollars en poche, un sac en plastique contenant quelques médicaments, une bouteille de soda et un paquet de cigarettes. Il déclara à sa sœur Roberta : « Ils m'ont emmené dans l'État de New York. Il faisait tellement froid, là-bas. Ils m'ont mis dans une toute petite pièce. »

Ne croyez pas que ce terrible exemple d'erreur judiciaire soit une exception. En fait, on ne peut même pas vraiment parler d'« erreur ». Ce n'est guère que l'expression naturelle d'une société qui enferme impitoyablement quiconque *pourrait* être un criminel, même s'il ne l'*est* pas, parce que la sécurité prime sur la justice. Nos tribunaux ne sont que des chaînes de montage improvisées sur lesquelles les pauvres sont mis en pièces et expédiés hors de notre vue – au diable !

On est Amérique, après tout, et s'il est légitime d'éliminer des milliers de Noirs innocents des listes électorales en Floride, on ne voit pas pourquoi on n'emprisonnerait pas un Noir innocent à Los Angeles.

Dans ce système de justice à la chaîne, la seule chose qui soit susceptible de bloquer l'expédition illico presto de l'accusé vers la prison est la présence d'un jury. Pourquoi ? Parce que les jurés sont des empêcheurs d'incarcérer en rond. Ils obligent tout le monde à faire son boulot. Les juges, les procureurs et les avocats font tout ce qui est en leur pouvoir pour convaincre l'accusé d'accepter de plaider coupable afin d'ÉVITER LA SENTENCE LOURDEMENT AGGRAVÉE QU'IL RISQUE S'IL EXIGE D'ETRE JUGÉ DEVANT UN JURY. S'ils parviennent non seulement à le faire plaider coupable, mais à obtenir qu'il signe une déclaration selon laquelle il renonce à son droit à faire appel, alors ils ont gagné le gros lot et pourront en faire des gorges chaudes à leur prochaine réunion du country club.

Ma sœur, Anne, a été avocat commis d'office en Californie. Elle insistait pour vraiment défendre ses clients et obtenir qu'ils soient jugés devant un jury si c'était là leur désir. En conséquence de quoi ses collègues la soumettaient à une incroyable pression. En 1998, le bureau d'aide judiciaire de son comté autorisa un seul accusé *sur près de neuf cents* à être jugé devant un jury.

Ce qui ne prouve évidemment pas que les huit cent quatre-vingt-dix neufs personnes en question étaient toutes coupables. Elles avaient simplement subi une pression énergique pour plaider coupable, et certaines d'entre elles ont fini en prison pour des délits qu'elles n'avaient peut-être pas commis. Quoi qu'il en soit, nous n'en saurons jamais rien, parce qu'elles avaient toutes été dépouillées de leur droit sacré – et garanti par le 6e amendement – à être jugées par un jury sélectionné parmi leurs pairs.

Cette répression quotidienne, généralisée et standardisée des pauvres n'a strictement rien à voir avec la véritable justice. Nos juges et nos avocats ne sont plus guère que des espèces d'éboueurs en robe de magistrat chargés de recueillir et d'éliminer les rebuts de la société. Il s'agit d'une espèce de nettoyage ethnique à l'américaine.

Et que se passe-t-il quand cette justice vide-ordures envoie des innocents à la mort ? Il a suffi d'une classe d'étudiants de premier cycle de la Northwestern University, à Evanston, Illinois, pour prouver que cinq condamnés en attente de leur exécution dans les prisons de l'État étaient en fait innocents. Ces étudiants en droit et leur professeur ont sauvé la vie de cinq êtres humains.

Si de simples étudiants peuvent démontrer de telles erreurs judiciaires, on peut légitimement se demander combien de centaines d'autres détenus du couloir de la mort à travers les États-Unis ont été injustement condamnés.

La peine de mort existe dans trente-huit États. Elle est également appliquée par les tribunaux fédéraux et les tribunaux militaires. Douze autres États, plus le District de Columbia (ce minuscule territoire marécageux plein d'Afro-Américains dont les plaques d'immatriculation réclament pour Washington le statut d'État, au grand dam de George W.), l'ont supprimée.

Depuis 1976, il y a eu sept cents exécutions aux États-Unis.

Les États les plus sanguinaires sont, dans l'ordre, les suivants : Texas (248 exécutions, soit près du tiers du total depuis 1976), Virginie (82), Floride (51), Missouri (50), Oklahoma (43), Louisiane (26), Caroline du Sud (25), Arkansas (24), Alabama (23), Arizona (22), Caroline du Nord (17), Delaware (13), Illinois (12), Californie (9), Nevada (9), Indiana (8), Utah (6).

Dans une étude récente sur 4 578 cas d'inculpation répartis sur une période vingt-trois ans (1973-1995), les auteurs sont parvenus à la conclusion effrayante que les tribunaux avaient identifié de graves erreurs de procédure dans près de sept cas sur dix. Ils ont également découvert que le verdict de peine capitale était cassé deux fois sur trois en cas d'appel. Quant au taux d'erreur au niveau de l'instruction, il était de 68 %.

Depuis 1973, près de quatre-vingt-quinze détenus du couloir de la mort ont fini par être purement et simplement acquittés par les tribunaux – à savoir qu'ils ont été jugés innocents des crimes pour lesquels ils avaient été condamnés à la peine capitale. Quatre-vingt-seize personnes ont été relâchées suite à un test d'ADN.

Quelles sont donc les causes d'erreur judiciaire les plus fréquentes ?

- L'incompétence massive de nombre d'avocats qui négligent ou ignorent systématiquement des preuves démontrant soit l'innocence de leurs clients, soit le caractère injustifié de la peine capitale dans leur cas.
- Des policiers ou des magistrats qui ont effectivement *découvert* de telles preuves mais les ont *dissimulées*, déviant ainsi le cours de la justice.

Pour la moitié des années étudiées, y compris parmi les plus récentes, le taux d'erreur était de 60 %. Ce taux d'erreur élevé se distribue à travers tout le pays. Dans 85 % des cas de peine capitale, le taux d'erreur est de 60 % ou plus. Dans trois cas sur cinq, le taux d'erreur est de 70 % ou plus.

Repérer ces erreurs prend du temps. Sachant qu'en moyenne neuf années séparent le verdict de l'exécution, on constate que, dans la plupart des cas, les détenus du couloir de la mort doivent attendre plusieurs années pour que le lent processus de révision aboutisse et démasque toutes ces erreurs, permettant souvent dès lors l'annulation du verdict. Cela coûte extrêmement cher aux contribuables, aux familles des victimes, au système judiciaire et aux victimes de ces injustices elles-mêmes.

D'après la même étude, 82 % des détenus dont la condamnation à mort est annulée reçoivent alors une peine plus légère, et 7 % d'entre eux sont complètement acquittés.

Le taux d'erreur a augmenté depuis 1996, quand le président Clinton a pris des mesures rendant beaucoup plus difficile aux condamnés à mort de prouver leur innocence. Ils ont désormais un an maximum pour faire appel auprès d'un tribunal fédéral après avoir épuisé toutes leurs possibilités d'appel auprès des tribunaux des divers États. À la lumière de l'étude mentionnée ci-dessus, qui prouve qu'un nombre important de ces condamnés ou bien sont innocents, ou bien ne méritent pas une sanction aussi drastique, cette tentative de réduire encore plus leurs droits est tout simplement scandaleuse.

Nous sommes également un des rares pays dans le monde qui condamne à mort aussi bien les malades mentaux que les délinquants juvéniles. De fait, seuls dix États autorisent l'exécution des mineurs : l'Iran, le Nigéria, le Pakistan, l'Arabie saoudite, le Yémen et les États-Unis.

Avec la Somalie, les États-Unis sont le seul pays qui n'ait pas signé la Convention des Nations unies sur les droits de l'enfance. Pourquoi ? Parce que ce texte comprend une clause interdisant l'exécution des mineurs de moins de dix-huit ans, et que nous ne voulons pas avoir les mains liées de ce point de vue.

Nous sommes le seul pays développé à mettre à mort ses enfants.

Même la Chine – un pays qui ne brille pourtant pas par son bilan en matière de droits de l'homme – exclut la peine de mort à l'encontre des mineurs de moins de dix-huit ans.

À l'heure où j'écris, le nombre total de détenus attendant leur exécution dans les prisons des États-Unis est de 3 700. Soixante-dix d'entre eux sont des mineurs ou l'étaient au moment de commettre leur crime.

Mais notre Cour suprême me considère pas comme « une punition cruelle et exceptionnelle » (dans les termes du 8e amendement à la Constitution des États-Unis) le fait d'exécuter des adolescents qui avaient à peine seize ans au moment de commettre leur crime. C'est pourtant la même Cour suprême qui a établi qu'un adolescent de seize ans « n'a pas la maturité ou la capacité de jugement suffisantes » pour signer un contrat.

Vous ne trouvez pas ça un peu bizarre ? Quand il s'agit de signer des contrats, pas question de faire confiance au jugement d'un gosse, mais pour ce qui est de mériter la chaise électrique, on ne voit plus de différence entre lui et un adulte.

Dix-huit États autorisent l'exécution des criminels dès l'âge de seize ans. Cinq autres condamnent à mort sans problèmes ceux qui avaient au moins dix-sept ans au moment de commettre leur crime. En 1999, la justice de l'État d'Oklahoma a fait exécuter Sean Sellers, qui avait seize ans au moment de l'assassinat dont il a été jugé coupable. Le fait que Sellers souffrait de graves troubles de la personnalité ne fut pas révélé au jury. Une cour d'appel fédérale estima que Sellers aurait pu être défini comme « factuellement innocent » en raison de cette infirmité mentale, mais qu'« à elle seule l'innocence ne justifie pas l'annulation du verdict par un tribunal fédéral ». Incroyable mais vrai.

Les Américains ne sont pas idiots, et maintenant que la vérité sur les nombreux innocents condamnés à mort est en train d'émerger à la vue de tous, leur réaction d'horreur est à la mesure de ce scandale. Il y a à peine quelques années, les sondages d'opinion donnaient 80 % d'avis favorables à la peine de mort. Mais, récemment, un sondage commandité par le *Washington Post* et la chaîne ABC News a montré un net déclin de ce pourcentage, tandis que le nombre d'Américains qui souhaiteraient que la peine capitale soit remplacée par l'incarcération à perpétuité a augmenté. 51 % des personnes interrogées sont favorables à l'arrêt de toute exécution jusqu'à ce qu'une commission compétente établisse si cette sanction est appliquée de façon vraiment équitable.

68 % estiment par ailleurs que la peine capitale est injuste en raison du nombre d'innocents exécutés. De récents sondages Gallup ont également démontré que le pourcentage d'opinions favorables à la peine de mort a atteint son plus bas niveau depuis dix-neuf ans. 65 % des sondés sont d'accord pour dire que les pauvres ont plus de chances d'être condamnés à mort pour le même crime que les personnes riches ou aisées. 50 % sont convaincus que les Noirs ont également plus de chances d'être condamnés à délit équivalent. Et, même dans un État aussi allègrement sanguinaire que le Texas, le *Houston Chronicle* rapporte que 59 % des Texans interrogés sont convaincus que leur État a exécuté au moins une personne innocente ! 70 % d'entre eux

sont favorables au remplacement de la peine de mort par une peine de perpétuité sans possibilité de libération conditionnelle et 60 % sont hostiles à l'exécution des malades mentaux.

Tel est le bilan de notre grand pays en la matière : au lieu de faire la guerre à la criminalité, *nous avons fait la guerre aux déshérités, vu que c'est tellement plus commode de tout leur mettre sur le dos.* Ce faisant, nous avons aussi oublié de protéger les droits de nos concitoyens, sous prétexte que ça nous coûterait trop cher.

Nous vivons dans une société qui honore et récompense les délinquants en col blanc – tous ces dirigeants d'entreprise qui saccagent directement ou indirectement les ressources naturelles et ne s'intéressent avant tout qu'à la rentabilité financière – tout en soumettant les pauvres à une « justice » répressive et complètement aléatoire.

Mais l'opinion est en train de se rendre compte de la perversité de ce système.

Il est temps de réformer notre société de telle sorte que l'existence de chaque individu en son sein y soit perçue comme précieuse et sacrée et que, par ailleurs, AUCUN CITOYEN ne puisse échapper à la loi, quel que soit le nombre de candidats aux élections qu'il est capable d'acheter. Tant que nous ne serons pas parvenus à ce but, nous ne saurions prononcer la devise « liberté et justice pour tous » sans frémir de honte.

ÉPILOGUE

La triste et sordide histoire de Ben Cheney et Ben Bush

ou

Quand un briquet jetable nous révèle la vérité sur la guerre de Bush contre le terrorisme

Le 22 septembre 2001, à peine onze jours après les attentats terroristes de New York et de Washington, j'ai dû prendre l'avion. Il s'agissait d'ailleurs d'un vol que j'aurais dû effectuer le 11 septembre. Ce jour-là, j'avais un billet pour le vol de 15 h 00 d'American Airlines entre Los Angeles et New York. Comme on sait, cet avion n'a jamais pu décoller, étant donné que, quelques heures plus tôt, deux appareils en direction de la Californie – un d'American Airlines et un de United Airlines – furent détournés par des terroristes effectuant une mission-suicide contre le World Trade Center et le Pentagone.

Coincés à Los Angeles (où nous avions été invités pour recevoir un Emmy Award récompensant notre série télévisée *The Awful Truth*), ma femme et moi avions été réveillés à 6 h 15, heure de Los Angeles, par un appel en provenance de Flint, Michigan. Ma belle-mère était au bout du fil, complètement affolée : « Ils ont attaqué New York, New York est en guerre ! » Ma première réaction fut de penser « Et alors ? C'est la routine, non ? », mais elle nous incita à allumer d'urgence la télévision. Je tâtonnai à la recherche de la télécommande et m'exécutai. Le spectacle était au rendez-vous. Les tours jumelles en flammes, vomissant des nuages de fumée noire.

« Un sacré incendie ! », pensai-je. Mais quand ils se mirent à repasser la séquence du second avion qui avait frappé la tour sud de plein fouet quinze minutes auparavant, le doute n'était plus possible. Ce n'était pas un accident. Nous essayâmes d'appeler notre fille à New York, toutes les lignes étaient congestionnées. Nouvelle tentative avec notre amie Joanne Doroshow, qui travaille pas très loin des tours jumelles. Rien à faire.

Je commençai à être saisi par un horrible sentiment de panique. Au bout d'un moment, je finis par pouvoir joindre le bureau de Joanne. La femme qui me répondit était à moitié hystérique. Je lui demandai si Joanne était là. Elle hurla : « NON ! Elle n'est pas là ! Nous devons tous évacuer ! Oh ! Seigneur Dieu ! » Elle raccrocha et j'entendis un puissant mugissement, comme le passage d'un train. Ma femme me dit : « Regarde la télévision ! » Je compris alors quel était le bruit que j'avais entendu au téléphone : l'effondrement de la tour sud.

Nous dûmes attendre plusieurs heures avant de pouvoir joindre notre fille, et sept heures avant de recevoir un appel de Joanne, saine et sauve dans son appartement (elle avait pu pénétrer dans un immeuble pour se protéger juste au moment où la pluie de décombres s'abattait sur Wall Street). Ce soir-là, alors que nous contemplions les images qui repassaient sans cesse à l'écran, la télévision commença à diffuser en surimpression les noms d'une partie des victimes qui avaient péri dans les avions détournés. Le nom de William Weems s'inscrivit au bas de l'écran. Un de nos amis nous confirma le lendemain qu'il s'agissait bien du même Bill Weems, un producteur de Boston, avec lequel nous avions récemment tourné une série de faux spots publicitaires satirisant l'industrie du tabac. Bill avait pris l'avion Boston-Los Angeles. Il avait péri au moment où l'appareil était entré en collision avec la tour sud à près de mille kilomètres à l'heure. Il était marié et père d'une petite fille de sept ans. Tout ça était d'une horreur incroyable.

Les autorités firent fermer les aéroports et bloquer tous les vols. Je louai une camionnette chez Hertz pour mille sept cents dollars et, quarante-trois heures plus tard, nous quittions notre hôtel sur le Pacifique et commençâmes notre voyage de près de cinq mille kilomètres jusqu'à notre appartement à New York.

Alors que nous étions à peu près à hauteur d'Oklahoma City, on annonça la réouverture des aéroports, mais ma femme ne voulait pas laisser tomber la camionnette et prendre un avion. Nous poursuivîmes donc notre route quelques jours de plus, traversant pour la première fois de notre vie la totalité des États-Unis d'ouest en est. Ça valait le déplacement, et nous eûmes l'occasion de tester les réactions des citoyens ordinaires, en particulier au moment de traverser les fiefs électoraux de Bush et Ashcroft (les messages que j'ai écrits – et reçus – à l'occasion de ce voyage peuvent être consultés sur mon site web).

Quelques jours plus tard, le 22 septembre, j'ai dû reprendre l'avion. J'étais invité à intervenir dans un débat à San Antonio, et j'empruntai donc un vol d'American Airlines à Newark. Une fois arrivé à l'aéroport, je pus consulter la liste élaborée depuis peu et visiblement à la hâte de tous les objets qu'il était INTERDIT de transporter à bord. Elle était fort longue et passablement bizarre. Les objets prohibés étaient les suivants :

Pas d'armes à feu (évident).

Pas de couteaux (*idem*).

Pas de cutters (désormais tout à fait justifié).

Pas de ciseaux à ongles (ah bon ?).

Pas d'aiguilles à tricoter (bigre !).

Pas de crochets (hé, attendez une minute !).

Pas d'aiguilles à coudre.

Pas de sprays.

Pas de souffleur de feuilles (ouh la la !).

Pas de tire-bouchons.

Pas de coupe-papier.

Pas de glaçons.

Et ainsi de suite. Une bonne partie des objets mentionnés avait effectivement sa place sur une telle liste. À part ça, évidemment, je ne suis pas certain que les terroristes fassent du crochet à leurs moments perdus, quant au cas de ces dangereux pirates de l'air qui auraient détourné un avion avec une glacière, il m'a probablement échappé (sans doute essayaient-ils de garder leurs Esquimau au chocolat au frais avant de les consommer et de se servir des glaçons comme d'une arme).

Je dois vous avouer que l'idée de prendre l'avion si peu de temps après le 11 septembre me foutait franchement la trouille, et il n'était pas question que je voyage sans emporter un moyen d'autodéfense. Je pris donc avec moi la batte de base-ball signé par les New York Yankees que Rudy Giuliani m'avait offerte lors de son apparition dans mon programme *TV Nation* et je l'enveloppai vite fait dans une de mes chaussettes. Un bon coup de cet engin sur la tête d'un agresseur, et je vous garantis qu'il s'offre une bonne petite sieste. Avis aux graines de terroristes : si vous tentez quoi que ce soit de louche sur une ligne où je voyage, je vous fais un sort. Un bon coup de batte ou même simplement l'odeur capiteuse de ma chaussette, et votre compte est bon.

Dans les mois qui suivirent, je me sentais donc désormais en sécurité avec mon arme improvisée. En revanche, je ne peux pas dire que j'étais vraiment rassuré par la vue des guerriers du dimanche de la Garde nationale patrouillant les aéroports avec leurs M-16 non chargés, qui m'ont tout l'air de fréquenter de temps en temps le même rayon « XXL » du supermarché que moi.

Mais il y a plus grave. Chaque fois que je passais les rayons X, j'assistais à un spectacle tout à fait étrange. Au moment de vider ses poches dans le petit panier en plastique qui lui était tendu, le passager qui me précédait mettait son briquet à gaz ou sa boîte d'allumettes dans ledit panier et les récupérait de l'autre côté de la machine, et ce au vu et au su des responsables de la sécurité. Au début, je pensai qu'il s'agissait d'une erreur jusqu'au moment où je consultai à nouveau la liste des objets prohibés : briquets et allumettes n'en faisaient PAS partie.

Et puis, le 22 décembre 2001, Richard Reid, passager d'un vol American Airlines entre Paris et Boston, tenta de mettre le feu à ses chaussures. D'après la police, celles-ci contenaient un explosif et, si une poignée de passagers et de membres de l'équipage n'avaient pas réagi rapidement en le maîtrisant, il aurait pu faire sauter l'appareil en plein vol. Heureusement, son briquet fut incapable d'incendier ses chausses assez rapidement et tout le monde fut sauvé.

Après un incident aussi effrayant, j'étais convaincu que les briquets et les allumettes allaient eux aussi être interdits. Mais quand ma tournée de promotion de ce livre commença en février, je constatai que les passagers arborant sans problèmes leurs briquets Bic ou leur boîte d'allumettes étaient toujours présents à l'appel. J'interrogeai toute une série de responsables de la sécurité pour savoir pourquoi ces individus étaient autorisés à emporter à bord des objets qui pouvaient servir à déclencher un incendie, surtout après l'incident dans lequel s'était illustré Reid. Eh bien pas un seul responsable, qu'ils s'agisse des autorités de l'aéroport ou des membres de la Garde nationale, ne sut ou ne souhaita me donner une réponse.

La question que je pose est pourtant simple : s'il est absolument interdit de fumer sur tous les vols, pourquoi ces énergumènes ont-ils besoin de leur briquet ou de leurs allumettes à dix mille mètres d'altitude, et en ma présence ? Et pourquoi le seul objet ayant été utilisé pour essayer de faire sauter un avion depuis le 11 septembre ne figurait-il PAS sur la liste noire ? Personne n'avait essayé de massacrer l'équipage avec un ciseau à ongles sur un vol de Jet Blue, ni de souffler des feuilles mortes dans le couloir d'un appareil de Delta Connection en route pour Tupelo.

EN REVANCHE, IL Y AVAIT BIEN EU UN CINGLÉ POUR UTILISER SON BRIQUET À GAZ POUR ESSAYER D'ÉLIMINER D'UN COUP LES DEUX CENTS PASSAGERS DU VOL 63 D'AMERICAN AIRLINES. Or, voilà qui n'a nullement incité l'administration Bush à faire quelque chose pour éviter que cela se reproduise.

Je commençai alors à rendre publiques ces interrogations lors de ma tournée de promotion de ce livre. C'est ainsi que par une soirée grise et pluvieuse, à Arlington, Virginie, lors d'un débat à la librairie Ollsson, à quelques kilomètres du Pentagone, j'ai enfin obtenu la clé de cette énigme. Après avoir une nouvelle fois raconté mon histoire de briquet, je suis passé à la séance d'autographes. Au moment de faire signer son exemplaire, un jeune homme se présenta et, baissant la voix, me fit la révélation suivante :

« Je travaille au Capitole. Je peux vous dire que les briquets à gaz étaient sur la liste originelle préparée par les autorités aériennes et soumise à l'approbation de la Maison-Blanche. Mais le lobby du tabac a fait pression sur l'administration Bush pour empêcher l'interdiction des allumettes et des briquets. Les clients des grandes marques de cigarettes sont tellement désespérés d'allumer leur clope à peine arrivés à destination, pourquoi sanctionner leur vice juste pour de simples raisons de sécurité ? On a donc éliminé briquets et allumettes de la liste rouge. »

J'étais en état de choc. Je me doutais bien qu'il devait y avoir une raison pas très orthodoxe pour ne pas prohiber des objets aussi clairement problématiques. Mais de là à penser que la mafia de Bush pouvait traiter aussi cyniquement la sécurité de nos concitoyens. Comment osaient-ils faire une chose pareille tout en continuant à nous abreuver de déclarations hebdomadaires sur la « prochaine menace terroriste » ? Étaient-ils vraiment capables de faire prévaloir les intérêts de l'industrie du tabac sur la vie des Américains ?

Bien sûr que oui. Je savais que la réponse était oui, mais quand même, me disais-je, pas dans de telles circonstances, pas en pleine crise nationale, pas quelques mois après le plus grand massacre instantané de civils de l'histoire des États-Unis ! À moins que... à moins que la « menace terroriste » soit une fiction.

Car il faut bien se poser la désagréable question suivante : la « guerre contre le terrorisme » ne serait-elle qu'une ruse, une manœuvre destinée à détourner l'attention de l'opinion ? Admettons juste pour un instant qu'un être comme George W. Bush, aussi méprisable qu'il soit, ne soit tout de même pas assez pervers pour faire à ses copains du lobby du tabac un cadeau qui puisse engendrer des souffrances aussi terribles que celles du 11 septembre. Si vous lui accordez le bénéfice du doute – et c'est tout ce que je vous demande –, si vous acceptez l'idée qu'il n'enverrait pas au massacre des centaines ou des milliers de gens juste pour que quelques drogués à la Marlboro puissent allumer leur sèche à peine sortis du terminal, alors vous ouvrez la porte aux plus noires spéculations. De fait, le 11 septembre est une véritable boîte de Pandore que les médias n'osent pas ouvrir par peur de ce qu'ils risquent d'y trouver.

Et s'il n'y avait pas vraiment de « menace terroriste » ? Et si Bush et Cie avaient en fait désespérément besoin d'une telle « menace terroriste » pour pouvoir mener à bien l'entreprise de destruction systématique des garanties constitutionnelles qui protègent les libertés des braves gens de ce pays ?

Êtes-vous prêts à vous poser une telle question ?

Pour ma part, j'y suis prêt. En vertu de la législation sur la liberté de l'accès à l'information, j'ai adressé un questionnaire aux autorités aériennes en exigeant qu'elles me communiquent tous les documents attenant à la décision de permettre les briquets assassins et les boîtes d'allumettes sur les vols de passagers. Inutile de vous dire que je ne suis pas très optimiste quant au résultat de ma démarche.

Regardons les choses en face : il ne s'agit là que d'une minuscule pièce du puzzle constitué par les événements du 11 septembre. C'est juste une banale histoire de briquet Bic, après tout. Sauf que, au bout de quelques années d'expérience, je me suis rendu compte que c'est JUSTEMENT ce genre de petite histoire banale et de « détail mineur » qui dissimulent parfois des vérités plus profondes. Peut-être que mon enquête sur les raisons pour lesquelles la liberté de déclencher un incendie à bord d'un avion de ligne est plus importante que votre sécurité ou la mienne est parfaitement vaine. Ou alors peut-être, mais seulement peut-être, qu'elle marquera le début de la fin de ce gouvernement corrompu d'escrocs sans vergogne qui n'hésitent pas à se servir de la mort de milliers de nos concitoyens pour couvrir leurs obscures manigances.

Je crois qu'il est temps que nous relevions la tête et que nous posions un certain nombre de questions gênantes à ces énergumènes. Car le fond de l'affaire, c'est qu'on peut légitimement craindre qu'un individu capable de manipuler les élections et de s'installer dans NOTRE Maison-Blanche sans avoir vraiment été mandaté par le peuple soit malheureusement capable du pire…

BUSSIÈRE CAMEDAN IMPRIMERIES

GROUPE CPI

Composition EDIE (77450 Montry)
Impression réalisée sur Cameron
à Saint-Amand-Montrond (Cher)
en septembre 2002.
Dépôt légal : septembre 2002.
N° d'impression : 024016/1.
Imprimé en France